Theodor Weidlich

Die Sympathie in der antiken Litteratur

Theodor Weidlich

Die Sympathie in der antiken Litteratur

ISBN/EAN: 9783744697453

Hergestellt in Europa, USA, Kanada, Australien, Japan

Cover: Foto ©ninafisch / pixelio.de

Weitere Bücher finden Sie auf **www.hansebooks.com**

PROGRAMM

DES

KARLS-GYMNASIUMS

IN

STUTTGART

ZUM

SCHLUSSE DES SCHULJAHRS 1893—94,

Inhalt: I. Die Sympathie in der antiken Litteratur. Von Professor Dr. Theodor Weidlich.
II. Nachrichten über das Schuljahr 1893 - - 94. Vom Rektor der Anstalt, Oberstudienrat Dr. M. Planck.

STUTTGART.
K. HOFBUCHDRUCKEREI CARL LIEBICH.
1894.

1894. Progr. Nr. 595.

Die Sympathie
in der antiken Litteratur.

Professor Dr. Th. Weidlich.

Πολλὰ εὗρεν ἡ φύσις συμπαθοῦντα καὶ ἀντιπαθοῦντα
ἀλλήλοις, ὡς ὁ Πλούταρχος ἐν τῷ δευτέρῳ τῶν Συμπο-
σιακῶν αὐτοῦ φησιν. Ἀναγκαῖον οὖν ἡγησάμην καὶ ἐκ
τούτων τὰ παραδοξότερα συντάξαι τῷδέ μου τῷ συγγράμ-
ματι. Οὐ γὰρ μόνους τοὺς γεωργίας ἐραστὰς ἐκ τῶν
ἡμῶν πόνων τὸ χρήσιμον συλλέγειν ἐσπούδακα, ἀλλὰ καὶ
τοῖς φιλολόγοις ἁρμοδίαν εἶναι τὴν παρ᾽ ἐμοῦ συγγραφήν.

Cassianus Bassus, Geoponica XV, 1, 1—3.

Einleitung.

Die gewöhnliche Bedeutung von συμπάθεια.

Wenn man es unternimmt, den Begriff der Sympathie, bezw. Antipathie in dem Sinne geheimnisvoller Wirkungen und Gegenwirkungen in der Natur möglichst weit rückwärts bei den Griechen zu verfolgen, so wird man zunächst auf keinen geringeren geführt als auf den Hauptvertreter der Atomistik, Demokritos von Abdera, von dem nicht nur zahlreiche Stellen über Sympathien und Antipathien sich bei den Alten zitiert finden, sondern auch eine Schrift mit dem Titel Δημοκρίτου περὶ συμπαθειῶν καὶ ἀντιπαθειῶν auf uns gekommen ist. Indessen liegen Bedenken der schwersten Art sowohl gegen die Echtheit dieser Schrift, als auch gegen die Herkunft jener Zitate vor, wie dies im Verlauf der Untersuchung am geeigneten Orte nachgewiesen werden wird, weshalb es sich empfiehlt, hier vorerst davon abzusehen.

1

Wo sonst in der älteren Litteratur συμπάσχειν, συμπαθής, συμπάθεια und die anderen davon abgeleiteten Wörter vorkommen, haben sie ihre ursprüngliche und auch später fortbestehende Bedeutung, »dasselbe leiden, erfahren, dieselben Empfindungen, Affekte, Leidenschaften u. s. w. mit einem andern haben oder bekommen, auch Zuneigung zu jemanden empfinden,« — und das namentlich auch in der philosophischen Litteratur. So sagt z. B. Plato Rep. X. 605 D von der Wirkung der Poesie: ἀκροώμενοι Ὁμήρου ἢ ἄλλου τινὸς τῶν τραγῳδιοποιῶν — οἶσθ' ὅτι χαίρομέν τε καὶ ἐνδόντες ἡμᾶς αὐτοὺς ἑπόμεθα ξυμπάσχοντες, καὶ σπουδάζοντες ἐπαινοῦμεν ὡς ἀγαθὸν ποιητήν, ὃς ἂν ἡμᾶς ὅτι μάλιστα οὕτω διαθῇ, oder im Charmides 169 C von der ansteckenden Wirkung des Gähnens: ὥσπερ οἱ τοὺς χασμωμένους καταντικρὺ ὁρῶντες ταὐτὸν τοῦτο ξυμπάσχουσιν.

Auch bei Aristoteles finden sich diese Ausdrücke meist in der Bedeutung »in Mitleidenschaft gezogen werden«; so kehrt der Gedanke, dass der Leib von der Seele und wiederum die Seele vom Leib beeinflusst wird, öfters wieder, z. B. τοῖς τῆς ψυχῆς παθήμασι τὸ σῶμα συμπάσχει, Physiogn. 805a 6; ἡ ψυχή τε καὶ τὸ σῶμα συμπαθῆ, ὡς μόνοι συνδιατελοῦντα ἀλλήλοις, ibid. 808 b 19; τοῦ κυρίου τῶν ἄλλων πάντων αἰσθητηρίων κεκινηθότος τι, συμπάσχειν ἀναγκαῖον καὶ τὰ λοιπά. π. ὕπνου κ. ἐγρ. 455a 34. An diese Bedeutung knüpft die schon von den alten Ärzten aufgestellte Unterscheidung zwischen idiopathischen und sympathischen Krankheiten an; d. h. zwischen solchen des ursprünglich ergriffenen Organs und solchen anderer Organe, welche im Gefolge des Grundleidens auftraten; auch πρωτοπαθεῖν im Gegensatz zu κατὰ συμπάθειαν πάσχειν, z. B. Galenos ed. Kuehn VII, pag. 227.

Besondere Beachtung verdient aber noch eine Stelle aus Aristoteles, welche uns bei Stob. Ecl. I, 18, nach Aëtius erhalten ist (Diels Doxographi p. 317). Dort sagt Aristoteles, gegen das pythagoreische und demokritische κινόν polemisierend, Raum (τόπος) und Körper (σῶμα) müssen vorhanden sein, leerer Raum (κενόν) dagegen nicht; denn durch einen leeren Raum würde die gegenseitige Wirkung der Dinge in der Welt aufeinander und der Zusammenhang unter den Körpern aufgehoben, weil die Bewegung im Raum eben durch den Widerstand oder das unmittelbare Aufeinanderstossen der Körper erfolge: ἀναιρετικὴν γὰρ εἶναι τὴν κατ' ἐνδελέχειαν αὐτοῦ (i. e. τοῦ κενοῦ) φύσιν τῆς τε τῶν ὄντων συμπαθείας καὶ τῆς τῶν σωμάτων ἀλληλουχίας· τὰς δὲ κινήσεις γίγνεσθαι τὰς κατὰ τόπον ἀντικεριιστανμένων ἀλλήλοις τῶν σωμάτων. Welche Wichtigkeit diese συμπάθεια τῶν ὄντων als συμπάθεια τῶν ὅλων erhält, wird bald nachher sich zeigen.*)

Wie συμπάσχειν, συμπάθεια u. s. w., so erscheinen in der älteren Zeit auch ἀντιπάσχειν in dem ursprünglichen Sinne, teils als vicissim pati, etwas erwidern bekommen, teils anders empfinden, entgegengesetzte Beschaffenheit haben, auch abgeneigt sein, und

---

*) Nach Seneca Epist. 108, 19 hätte freilich schon Pythagoras die cognatio omnium inter omnia gelehrt.

ἀντιπάθεια teils als Empfindung, Erfahrung, welche an die Stelle einer anderen tritt, teils als Widerwillen, Abneigung. So heisst es Platon Gorg. 520 E: εὖ παθήσας ἀντ᾽ εὖ πείσεται, und sonst bei Thukydides, Sophokles, Xenophon, Aristoteles κακά, γρηστά, εὖ ἀντιπάσχειν. In der Bedeutung von Abneigung, Widerstreit scheint schon Heraklit ἀντιπάθεια gebraucht zu haben nach Plut. de Js. et Os. cap. 48: πάντων ἐκ μάχης καὶ ἀντιπαθείας τὴν γένεσιν ἐχόντων.

Am stärksten wird der spätere Gebrauch des Wortes Sympathie im Sinne einer geheimnisvollen Naturkraft oder Naturwirkung von naturwissenschaftlicher Seite aus durch Theophrast angebahnt. Zumeist gebraucht er das Wort, wie seine Vorgänger; er spricht z. B. de caus. plant. I, 7, 4 vom Treiben und Ausschlagen der Pflanzen zu einer bestimmten Jahreszeit: τοῦ ἀέρος μεταβάλλοντος καὶ τῆς οἰκείας ὥρας συμπαθῇ τι γίγνεται τὰ φυτὰ καὶ βλαστάνει; dasselbe drückt er nachher aus mit κινεῖσθαι ἅμα τῇ τοῦ ἀέρος μεταβολῇ. Ganz ähnlich wird VI, 6, 2 συμπαθὲς γίγνεσθαι abwechselnd mit κινεῖσθαι vom Sprossen gebraucht, I, 6, 2, ὁμοιοπαθής vom Wachsen der Bäume, und I, 6, 4: das Okulieren gehe am leichtesten bei μαλακόφλοια καὶ ὁμοιόφλοια καὶ ὁμοιοπαθῆ. Etwas anders klingt fragm. 172 (ed. Wimmer), wo die Rede ist von der Anpassung des Elentiers (τάρανδος) an die Farbe seiner Umgebung; es sei der Farbenwechsel bei diesem Tiere fast unglaublich; denn bei anderen Tieren werde er durch eine blutartige oder sonstige Feuchtigkeit in der Haut bewirkt, so dass die Sympathie klar sei (ὥστε φανερὰν εἶναι τὴν συμπάθειαν), d. h. dass der Farbenwechsel durch eine Affektion der Haut mitbewirkt werde. Das Elentier aber ändere die Farbe seiner Haare, die doch trocken seien und von der Haut weit abstehen; das sei „παράδοξον ἀληθῶς καὶ ἀπίθανον". Noch weiter, an die Grenze des Mysteriösen, führt folgende, allerdings vereinzelte Stelle, de odoribus § 62 f. οἱ τράγοι καὶ οἱ ἔλαφοι καὶ λαγοὶ καὶ τἄλλα τότε (zur Brunstzeit) μάλιστα ὄζει. θαυμαστὸν δὲ καὶ ἴδιον τὸ συμπάσχειν τὰς τραγείας, ὅταν ἡ ὥρα καθήκῃ τῆς ὁρμῆς. αἴτιον δὲ δηλονότι τὸ ὑπολείπεσθαί τινα ἐν τῷ δέρματι δύναμιν ἢ ὑγρότητα τοιαύτην, ἀφ᾽ ἧς ἡ ὁρμὴ γίνεται καὶ ζώντων· οἳ νῦν καὶ διαθερμαινομένης ταύτης ὑπὸ τοῦ ἀέρος εὔλογον καὶ τὰ δέρματα, καθ᾽ ὅσον ἐπιβάλλει, κινεῖσθαι. — — Συμβαίνει δὲ τρόπον τινὰ καὶ ἐν ἄλλοις ἡ τοιαύτη συμπάθεια · καὶ γὰρ ὁ οἶνος ἅμα τῇ σταφυλῇ δοκεῖ συνανθεῖν, καὶ τὰ σκόροδα καὶ τὰ κρέμυα τότε δριμύτατον ὄζειν, ὅταν τὰ ἐν τῇ γῇ βλαστάνῃ · ἐλὴν τούτοις ἅμα συμβαίνει καὶ αὐτοῖς βλαστάνειν. ὅλως δὲ πάντα κινεῖται τὰ φλοιόμια καὶ σαρκόμια μὴ ἀπεξηραμμένα κατὰ τὰς βλαστικὰς ὥρας· ἡ γὰρ ἐνυπάρχουσα δύναμις ἐν αὐτοῖς κινεῖται. Θαυμασιώτατον δὲ τῶν τοιούτων τὸ ἐπὶ τοῦ στέατος τῆς ἄρκτου συμβαῖνον, εἴπερ ἅμα ταῖς φωλίαις ἐπαίρεται καὶ ἐκπληροῖ τὰ ἀγγεῖα. Im obigen sind vier συμπάθεια: d. h. Fälle von συμπάθεια angeführt, zwischen der Brunstzeit des Bocks und dem abgezogenen Booksfell, zwischen der Rebenblüte und dem Wein im Fasse, zwischen Knoblauch und Zwiebeln in der Erde und den herausgenommenen, und endlich zwischen dem Winterschlaf des Bären und dem Anschwellen des Bärenfetts im Topf. Die anfangs versuchte Erklärung versagt vor dem letzten Beispiel und Theophrast steht hier noch mehr als bei der Mimikry des Elentiers vor einer unerklärlichen Sympathie, einem ἀπίθανον, παράδοξον, θαυμάσιον, d. h. vor dem eigentlichen Gebiete der Mirabilien- und Sympathiebücher.

Wenn nun gleich mehrere der beigebrachten Stellen den späteren Gebrauch des Wortes vorbereiten, und wenn besonders in der letzten derselben Erscheinungen auf Sympathie zurückgeführt werden, welche in den Sammlungen der συμπάθειαι einen hervorragenden Platz einnehmen, so kommt dieser Ausdruck bis dahin doch verhältnismässig selten und nur gelegentlich zur Anwendung; wesentlicher Bestandteil des Systems ist die Sympathie erst bei den Stoikern geworden, welche die ältere Anschauung von der Sympathie des Leibes und der Seele, und wiederum der einzelnen Teile beider untereinander, vom Menschen auf das Weltall, vom Mikrokosmos auf den Makrokosmos übertragen haben.

I. Συμπάθεια bei den Stoikern.

1. Die συμπάθεια τῶν ὅλων.

Die Lehre der Stoiker von der Welt lautete folgendermassen: Es giebt nur Eine Welt; diese Welt ist ein Körper, σῶμα; denn alles, was wirklich ist, ist Körper. Nun giebt es aber drei Arten von Körpern, erstens organische Einheiten (ἡνωμένα oder ζῷα, z. B. Pflanzen, Tiere); zweitens mechanische Vereinigungen (σώματα ἐκ συναπτομένων, wie Ketten, Möbel, Schiffe), und drittens Kollektivganze (σώματα ἐκ διεστώτων, wie Heere, Herden). Das Charakteristische der organischen Einheit, des ζῷον, ist, dass die einzelnen Teile desselben gegenseitig von einander affiziert werden „τὰ μέρη συμπάσχει ἀλλήλοις". Der Beweis dafür also, dass die Welt ein Organismus, ein ζῷον (M. Aur. IV, 40) sei, soll nun eben geführt werden aus dem durchgängigen Zusammenhang und Einklang aller ihrer Teile, aus der „συμπάθεια τῶν ὅλων" oder, konkreter ausgedrückt, ἐκ τῶν περὶ τὸν κόσμον συμπαθειῶν. Die Hauptstelle steht bei Sextus Emp. adv. mathem. IX, 78 f. und enthält zugleich diejenigen συμπάθειαι, welche, wie auch Cic. N. D. II, 7, 19 zeigt, von den Stoikern offenbar in erster Linie als Beweise aufgeführt wurden, nämlich das Zusammentreffen des Wachsens und Abnehmens von Wesen auf der Erde und im Meere, sowie des Wechsels von Ebbe und Flut mit der Zu- und Abnahme des Mondes, das Zusammentreffen der Jahreszeiten mit dem Lauf der Sonne, atmosphärischer Veränderungen mit dem Auf- und Untergang gewisser Gestirne. Τῶν σωμάτων τὰ μέν ἐστιν ἡνωμένα, τὰ δὲ ἐκ συναπτομένων, τὰ δὲ ἐκ διεστώτων. Ἡνωμένα μὲν οὖν ἐστι τὰ ὑπὸ μιᾶς ἕξεως κρατούμενα, καθάπερ φυτὰ καὶ ζῷα· ἐκ συναπτομένων δὲ τὰ ἐκ τῶν παρακειμένων καὶ πρὸς ἕν τι κεφάλαιον νενόντων συνεστῶτα, ὡς ἁλύσεις καὶ πυργίσκοι καὶ νῆες· ἐκ διεστώτων δὲ τὰ ἐκ διεζευγμένων καὶ ἐκ κεχωρισμένων καὶ καθ' αὑτὰ ὑποκειμένων συγκείμενα, ὡς στρατιαὶ καὶ ποίμναι καὶ χοροί. Ἐπεὶ οὖν καὶ ὁ κόσμος σῶμά ἐστιν, ἤτοι ἡνωμένον ἐστὶ σῶμα, ἤ, ἐκ συναπτομένων, ἤ, ἐκ διεστώτων · οὔτε δὲ ἐκ συναπτομένων οὔτε ἐκ διεστώτων, ὡς δείκνυμεν ἐκ τῶν περὶ αὐτὸν συμπαθειῶν. Κατὰ γὰρ τὰς τῆς σελήνης αὐξήσεις καὶ φθίσεις πολλὰ τῶν τε ἐπιγείων ζῴων καὶ θαλασσίων φθίνει τε καὶ αὔξεται, ἀμπώτεις τε καὶ πλημμυρίδες (Ebbe und Flut) περί τινα μέρη τῆς θαλάσσης γίγνονται. Ὡσαύτως δὲ καὶ κατά τινας τῶν ἀστέρων ἐπιτολὰς καὶ δύσεις μεταβολαὶ τοῦ περιέχοντος καὶ παμποίκιλοι περὶ τὸν ἀέρα τροπαὶ συμβαίνουσιν, ὁτὲ μὲν ἐπὶ κρεῖττον, ὁτὲ δὲ λοιμικῶς. Ἐξ ὧν συμφανές, ὅτι ἡνωμένον τι σῶμα καθέστηκεν ὁ κόσμος · ἐπὶ μὲν γὰρ τῶν συναπτομένων ἢ διεστώτων οὐ συμπάσχει τὰ μέρη ἀλλήλοις. An einer andern Stelle des Sextus, VII 140, ist der Ausdruck gebraucht ἡ τῶν οὐρανίων πρὸς τὰ ἐπίγεια σύμπνοια καὶ συντονία. Weitere Belege aus Epiktet, M. Aurel und Alex. Aphrod. siehe bei Zeller, Die Philosophie der Griechen III[1], 1 pag. 169 f.

Auch Cicero (der, beiläufig bemerkt, in den Briefen an Attikus die griechischen Ausdrücke συμπάθεια und συμπαθῶς im Sinne von Mitgefühl, Zuneigung sehr liebt, IV, 16, 6. V, 11, 7. 18, 3. X, 8, 10. XII, 44) kommt an mehreren Stellen seiner religions-philosophischen Schriften auf diese stoische Lehre von der συμπάθεια zu sprechen. So sagt Nat. Deor. II, 7, 19 der Stoiker Lucilius Balbus, wahrscheinlich die Worte des Posidonius wiedergebend[*]): Quid vero? tanta rerum consentiens, conspirans, continuata cognatio quem non coget ea, quae dicuntur a me, comprobare? Possetne uno tempore florere, dein vicissim horrere terra? aut tot rebus ipsis se immutantibus solis accessus discessusque solstitiis brumisque cognosci? aut aestus maritimi fretorumque angustiae ortu aut obitu lunae commoveri? aut una totius caeli conversione cursus astrorum dispares conservari? Haec ita fieri omnibus inter se concinentibus mundi partibus profecto non possent, nisi ea uno divino et continuato spiritu continerentur. Darauf bemerkt ib. III, 11, 28 der Akademiker Aurelius Cotta: Illa mihi placebat oratio de convenientia consensuque naturae, quam quasi cognatione continuatá conspirare dicebas. Illud non probabam, quod negabas id accidere potuisse, nisi ea uno divino spiritu continerentur; illa vero cohaeret et permanet naturae viribus, non deorum, estque in ea iste quasi consensus, quam συμπάθειαν Graeci vocant. Div. II, 33 f. 124. 142 finden sich noch weitere Ausdrücke hiefür, wie distantium rerum cognatio naturalis; coniunctio naturae et quasi concentus atque consensus, quam συμπάθειαν Graeci appellant; aliqua in rerum natura contagio, und ebenso de fato 3, 5 naturae contagio.

Eduard Zeller, welcher a. a. O. dieser συμπάθεια τῶν ὅλων bei den Stoikern eingehendere Beachtung schenkt, kommt zu folgender Bestimmung des Begriffs: „Unter Sympathie verstehen die Stoiker nicht den magischen Zusammenhang, welchen der neuere Sprachgebrauch mit diesem Worte bezeichnet, sondern das naturgemässe Zusammentreffen

---

*) cf. Hirzel, Untersuchungen zu Ciceros philosophischen Schriften, I. Teil de natura deorum, Leipzig 1877, pag. 191 ff.

gewisser Vorgänge in den verschiedenen Teilen der Welt. In diesem Sinne führt noch M. Aurel IX, 9 aus, dass alles dem Verwandten zustrebe, das Feuer nach oben, die Erde nach unten, dass Tiere und Menschen Gemeinschaft untereinander suchen, und zwischen den höchsten Wesen, den Gestirnen, sogar eine ἕνωσις ἐx διεστηχότων, eine συμπάθεια ἐν διεστώτι *) stattfindet. Auch die letztere Bemerkung geht noch nicht wirklich über den Begriff des natürlichen Zusammenhangs hinaus; doch bildet sie die Brücke zu der späteren neuplatonischen Vorstellung von der Sympathie, als einer nicht mehr physikalisch, sondern nur aus psychischen Zusammenhängen erklärbaren Wirkung in die Ferne." Diese Darstellung ist vollkommen zutreffend vom Standpunkt der stoischen Theorie aus, und die Stoiker haben hier, wie bei ihrer Rechtfertigung der Mantik, nie eine andere, als eine φυσικὴ συμπάθεια behauptet. Die Lehre von dem Einen Weltganzen, welches einen durchweg vernünftigen, aber bis ins einzelnste vom absoluten Kausalnexus beherrschten Organismus bilde, muss einerseits solche gegenseitige Einwirkungen — Sympathien — der einzelnen Teile wie bei jedem anderen Organismus annehmen, kann aber andererseits in diesen Sympathien nur ein Ergebnis des natürlichen Zusammenhangs, der unzerreissbaren Kette von natürlicher Folge und Wirkung anerkennen. Auch lässt sich gegen die oben bei Sextus und Cicero angeführten Einzelbelege für die συμπάθεια τῶν ὅλων nichts einwenden. Nachweislich sind aber die Stoiker in praxi bei dem genannten nicht stehen geblieben, sondern haben, teilweise aus dem Volksglauben, noch andere συμπάθειαι beigezogen, ohne viel darnach zu fragen, ob eine plausible physikalische Erklärung möglich, ja auch nur, ob die behaupteten Thatsachen wirklich vorliegen.

2. Συμπάθεια und Mantik.

Zunächst haben wir jedoch eine weitere Verwendung dieser Lehre von der συμπάθεια bei den Stoikern zu besprechen, nämlich zur Rechtfertigung ihres Glaubens an Mantik und vorbedeutende Träume**). Wie sehr ihnen diese am Herzen lag, zeigen die vielen Schriften περὶ μαντικῆς und ähnliche von Chrysipp, Sphäros, Diogenes, Antipater und Posidonios, welch letzteren Cicero auch bei der Darstellung der stoischen Lehre im ersten seiner Bücher de Divinatione hauptsächlich zu Grunde gelegt hat***).

Mit dem materialistischen Determinismus des Systems war ein Glaube an Vorbedeutungen und Orakel in der gewöhnlichen Weise nicht vereinbar; der stoische Gottesbegriff erlaubte es nicht, dass bei jeder einzelnen Vorbedeutung, jeder einzelnen Weissagung u. s. w. ein direktes Eingreifen der Gottheit zu Gunsten eines einzelnen stattfindet; Cic. Div. I, 118: non placet Stoicis, singulis iecorum fissis aut avium cantibus interesse deum;

*) Von einer solchen distantium rerum cognatio naturalis ist schon bei Cic. Div. II, 34 die Rede.
**) Zeller a. a. O. pag. 336 ff.
***) Zeller a. a. O. pag. 336, Anm.

neque enim decorum est nec diis dignum, nec fieri ullo modo potest. Und doch wollten sie möglichst viel vom Volksglauben retten. Es galt also das wunderbare der gewöhnlichen Anschauung, die unmittelbare göttliche Einwirkung zu beseitigen, oder, wie Zeller im Grundriss der Geschichte der griechischen Philosophie pag. 221 sagt, das Irrationale künstlich zu rationalisieren; und das geschah durch Umkehrung der gewöhnlichen Anschauung. Diese sagt: weil das und das Zeichen eingetreten ist, so wird das und das geschehen; der Stoiker sagt: weil das und das geschieht, so sind die und die Zeichen vorhergegangen. Wie also gewisse Vorgänge am menschlichen Körper Symptome der Erkrankung oder Genesung sind, so sind die Vorbedeutungen Symptome später eintretender Vorgänge, und der Zusammenhang zwischen Vorbedeutung und dem was vorbedeutet wird, ist ein natürlicher und ein- für allemal bestimmt durch die συμπάθεια τῶν ὅλων. cf. Cic. l. l. Ita a principio inchoatum esse mundum, ut certis rebus certa signa praecurrerent, alia in extis, alia in avibus, alia in fulgoribus, alia in ostentis, alia in somniantium visis, alia in furentium vocibus. Von der Traumdeutung insbesondere wird noch Div. II, 124 als stoische Ansicht angeführt, dass die Traumdeuter auf Grund der Sympathie in der Natur erkennen, was auf die einzelnen Vorbedeutungen folge: coniectores ex quadam convenientia et coniunctione naturae, quam vocant συμπάθειαν, quid cuique rei conveniat et quid quamque rem sequatur, intellegunt.

Infolge hievon suchten nun die Stoiker im einzelnen solche „natürliche Zusammenhänge" zwischen res et signa, Ereignis und Vorbedeutung nachzuweisen, und namentlich auch da, wo ein Kausalnexus nicht erkennbar war, wie bei Vogelflug, Eingeweiden der Opfertiere, Konstellationen, Träumen, Orakeln. So entstanden jene Sammlungen von erfüllten Träumen und Orakeln, um diese συμπάθεια φύσεως, cognatio naturae, auf empirischem Wege zu beweisen, woran neben anderen die gefeiertsten Männer der Stoa, Chrysipp und Posidonios sich beteiligten, jener mit Schriften περὶ χρησμῶν und περὶ ἐνυπνίων, dieser in seinen Büchern περὶ μαντικῆς. Dabei wurde aber so kritiklos zu Werke gegangen, dass, wie Zeller selbst sagt (Ph. der Gr. III² pag. 339), „wir uns über ihre Leichtgläubigkeit nicht genug wundern könnten, wenn wir nicht wüssten, wie schlecht es in jener Zeit mit der historischen Kritik im allgemeinen bestellt war, und wie gerne die Menschen das glauben, was mit ihren Vorurteilen übereinstimmt." Man kann ausserdem noch erinnern an den Hang jener Zeit für das Wunderbare, der in den Mirabiliensammlungen zum Ausdruck kommt, und daran, dass die Stoiker um so eher in Versuchung kommen mussten, abergläubische Dinge aufzunehmen, je mehr Gewicht sie den κοιναὶ ἔννοιαι d. h. den allgemein verbreiteten Vorstellungen und dem consensus gentium beilegten. (cf. Cic. Div. I, 84.)

Die Gegner der Stoa hatten hier freilich leichtes Spiel, wenn sie zwar einen gewissen natürlichen Zusammenhang zwischen den Himmelserscheinungen und den Jahreszeiten, zwischen dem Mond und dem Wechsel von Ebbe und Flut oder dem Wachstum der Pflanzen gelten liessen, aber weiter fragten, was für eine cognatio naturae stattfinde zwischen einem geträumten Ei und einem gefundenen Schatz*), überhaupt zwischen einem Traum einerseits, und Erbschaften, Ehrenstellen, Siegen, Glücksfunden andererseits**), oder zwischen einer Spalte in der Leber des Opfertiers und einem Geldgewinn†). Aber, drängten die Gegner weiter, selbst dies zugegeben, wie geschieht es, dass das die erforderlichen Zeichen darbietende Opfertier dem Opfernden in die Hände kommt? Und wenn jene sich nicht damit zufrieden gaben, dass auch das durch die συμπάθεια τῶν ὅλων besorgt werde, so nahm der Stoiker schliesslich, aber freilich gar nicht dem Geiste seines deterministischen Systems entsprechend, seine letzte Zuflucht zur göttlichen Allmacht, welche unmittelbar vor dem Opfer die Veränderungen in den Eingeweiden des Opfertieres vorgehen lasse.††)

3. Sammlungen von συμπάθειαι bei den Stoikern.

Nach diesem Verfahren auf dem Gebiete der Mantik muss von vornherein angenommen werden, dass die Stoiker auch bei dem Beweis für die organische Einheit der Welt durch συμπάθεια ähnlich zu Werke gingen. Da der Nachweis eines rationellen Zusammenhanges vielfach schwierig oder geradezu unmöglich war, so lag es nahe, diesen Mangel durch eine möglichst grosse Fülle einzelner συμπάθειαι zu ersetzen, für welche man sich auf die Erfahrung oder die „consentiens hominum auctoritas" berufen konnte.

---

*) Cic. Div. II, 142: Quae est continuatio coniunctioque naturae, quam, ut dixi, vocant συμπάθειαν, ut thensaurus ex ovo intellegi debeat? Mit Bezichung auf eine von Chrysipp in seinem Buche περὶ ἐνυπνίων erzählte Traumerfüllung: Div. II, 134. Defert ad coniectorem (Traumdeuter) quidam somniasse se ovum pendere ex fascia lecti sui cubicularis (est hoc in Chrysippi libro somniorum); respondit coniector thensaurum defossum esse sub lecto. Fodit, invenit auri aliquantum, idque circumdatum argento, misit coniectori quantulum visum est de argento. Tum ille: Nihilne, inquit, de vitello? id enim ei ex ovo videbatur aurum declarasse, reliquum argentum.

**) Cic. Div. II, 142: Wohl gebe es Symptome für das Herannahen oder Zunehmen von Krankheiten, auch Symptome beginnender Genesung: thensaurus vero et hereditas et honos et victoria et multa generis eiusdem qua cum somniis naturali cognatione iunguntur?

†) Cic. Div. II, 34: Qua ex coniunctione naturae et quasi concentu atque consensu, quam συμπάθειαν Graeci appellant, convenire potest aut fissum iecoris cum lucello meo, aut meus quaesticulus cum caelo, terra rerumque natura?

††) Cic. Div. II, 35: Sed tamen eo concesso, quod evenit, ut is, qui impetrire (etwas durch günstige Vorzeichen erlangen) velit, convenientem hostiam rebus suis immolet? Hoc erat quod ego non rebar posse dissolvi. At quam festive dissolvitur! pudet me Chrysippi, Antipatri, Posidonii, qui dicunt, ad hostiam deligendam ducem esse vim quandam sentientem atque divinam, quae toto confusa mundo sit. Illud vero multo melius, quod dicitur ab illis: cum immolare quispiam velit, tum fieri extorum mutationem, ut aut absit aliquid aut supersit; deorum enim numini parere omnia. Haec iam, mihi crede, ne aniculae quidem existimant. etc.

Die Hauptfrage sei nicht das Wie und Warum, sondern das Dass*). Nun werden allerdings — so weit ich sehe — von notorischen Stoikern keine Sammlungen von συμκάθειαι ausdrücklich erwähnt, wie von Chrysippos jene Sammlungen erfüllter Träume und Orakel; unter den wenigen Autoren solcher Sammlungen, die genannt werden, gehört keiner nachweisbar der Stoa an, und von den Autoren der erhaltenen Schriften gilt das gleiche. Es ist das auch keineswegs zu verwundern, da bekanntlich trotz der ausserordentlichen litterarischen Fruchtbarkeit der älteren Stoiker, aus den drei ersten Jahrhunderten der Schule keine einzige Schrift, und aus der späteren Zeit nur wenige erhalten sind, verhältnismässig auch nur wenige Büchertitel, wenn man in Betracht zieht, dass Diogenes Laert. dem Chrysippos allein 750 Schriften zuschreibt. Von diesem Stoiker ist wenigstens Ein sympathetisches Heilmittel überliefert worden, durch Plinius, der es irgend einem seiner Gewährsmänner entnommen hat, und unter den magischen Amuleten aufführt. Er sagt nämlich Nat. Hist. 30, 103: „Chrysippos der Philosoph hat mitgeteilt, Heilmittel gegen viertägiges Fieber sei das aufgebundene Phryganion; was das für ein Tier sei, hat weder jener näher beschrieben, noch habe ich jemand finden können, der etwas davon wüsste. Trotzdem glaube ich auf die Angabe eines so wichtigen Gewährsmannes hinweisen zu müssen für den Fall, dass ein anderer glücklicher sein sollte in Ermittelung jenes Tieres.“ Auch ist das wohl denkbar, dass der Gegenstand in Schriften mit Titeln wie περὶ φύσεως, περὶ τοῦ ὅλου, περὶ μαντικῆς u. dergl. behandelt wurde. Dass aber jedenfalls solche Sammlungen schon von den älteren Stoikern veranstaltet worden sind, mögen sie nun betitelt gewesen sein, wie sie wollen, dafür liefert Cicero vollgültigen Beweis. De Div. II, 33 sagt er bei Bekämpfung der von seinem Bruder Quintus im ersten Buche nach Poseidonios περὶ μαντικῆς (Zeller 337. A. 1.) vorgetragenen stoischen Ansicht von der Mantik, er wolle eine gewisse contagio naturae, natürliche Sympathie, zugeben: multa enim Stoici colligunt; nam et 1) musculorum iecuscula bruma dicuntur augeri, 2) et puleium aridum florescere ipso brumali die, 3) et inflatas rumpi vesiculas, 4) et semina malorum, quae in iis mediis inclusa sint, in contrarias partes se vertere, 5) iam nervos in fidibus, aliis pulsis, resonare alios, 6) ostreisque et conchyliis omnibus contingere, ut cum luna pariter crescant pariterque decrescant, 7) arboresque ut hiemali tempore cum luna simul senescente, quia tum exsiccatae sint, tempestive caedi putantur, 8) quid de fretis (Euripus und fretum siculum) aut de marinis aestibus plura dicam? quorum accessus et recessus lunae

---

*) De Div. I, 84: Quid est igitur, cur dubitandum sit quin sint ea, quae disputavi, verissima, si ratio mecum facit, si eventa, si populi, si nationes, si Graeci, si barbari, si maiores etiam nostri, si denique hoc semper ita putatum est, si summi philosophi, si poetae, si sapientissimi viri, qui resp. constituerunt, qui urbes condiderunt? An, dum bestiae loquantur, exspectamus, hominum consentiente auctoritate contenti non sumus? und § 86: An fiat quidque, quaeris. Recte omnino; sed non nunc id agitur; fiat necne fiat, id quaeritur. Ut si magnetem lapidem esse dicam, qui ferrum ad se adliciat et attrahat, rationem, cur id fiat, adferre nequeam, fieri omnino neges.

motu gubernantur (cf. auch Nat. Deor. II, 19). Cicero schliesst diese Aufzählung mit den Worten: sescenta licet eiusdem modi proferri, ut distantium rerum cognatio naturalis appareat. Cicero, bezw. sein Gewährsmann, hat also obige acht Beispiele aus einer ihm zu Gebot stehenden umfangreichen Sammlung von συμπάθειαι ausgewählt und hatte ausserdem Kenntnis von mehreren Stoikern, welche solche Sammlungen veranstaltet. Er lässt ferner Nat. Deor. II, 119 den Vertreter der stoischen Ansicht, Lucilius Balbus, bei Schilderung der göttlichen Weltordnung, des wunderbaren Einklangs der Planeten bei aller Verschiedenheit ihrer Bahnen, schliesslich auch vom Monde sagen, dass er graviditates, partus, maturitates herbeiführe; und § 120 beim Nachweis der vernünftigen Naturordnung in der Pflanzenwelt wird auch die sonst häufig erwähnte Antipathie von Kohl und Weinrebe angeführt: iam vero vites sic claviculis (Gäbelchen) adminicula tamquam manibus apprehendunt atque ita se erigunt, ut animantes. Quin etiam a caulibus (Kohl), si propter sati sunt, ut a pestiferis et nocentibus refugere dicuntur, nec eos ulla ex parte contingere.

Dass sich die Stoiker den Magnet als schlagendsten Beweis für eine Wirkung in die Ferne ohne unmittelbare Berührung nicht entgehen liessen, zeigt de Divin. I, 39, 86, wo der Vertreter der stoischen Lehre ihn als Beweis für die Möglichkeit der Mantik verwendet: ut, si magnetem lapidem esse dicam, qui ferrum ad se adliciat et attrahat, cur id fiat, afferre nequeam, fieri omnino neges.

Wir haben also bereits eine Reihe von Sätzen gefunden, denen wir später in den noch vorhandenen Sammlungen in der Zahl der Sympathien und Antipathien begegnen, und es ist damit der Nachweis geliefert, dass bereits die älteren Stoiker zum Zweck ihrer Beweisführung für die organische Einheit der Welt und die Möglichkeit der Mantik Sammlungen von sogenannten συμπάθειαι und ἀντιπάθειαι angelegt haben, so gut wie Chrysippos solche von ἐνάντια und χρησιμά, wenn uns auch für jene Sammlungen keine Büchertitel und Autorennamen erhalten sind. Und weiter genügen schon die von Cicero aufbewahrten einzelnen συμπάθειαι, um zu zeigen, wie die Stoiker auch in diese Sammlungen Erwiesenes und Unerwiesenes ohne Unterschied aufnahmen, wie kritiklos und leichtgläubig sie ebensowohl aus dem volkstümlichen und dem gelehrten Aberglauben, wie aus den allgemeinen Erfahrungsthatsachen (den κοιναὶ ἔννοιαι) und der wissenschaftlichen Naturbeobachtung schöpften.

So stellt, um jenes Bild Zellers (oben pag. 6) noch einmal anzuwenden, die stoische Theorie von der συμπάθεια die Brücke dar, über welche einerseits halbwahre und falsche Vorstellungen des Volksglaubens, wie der Glaube an die Einflüsse des Mondes, den bösen Blick, an Besprechungen und Amulete u. s. w., aber auch Gelehrtenmärchen auf das spekulative Gebiet herübergezogen wurden, um mit einem philosophischen Gewande umkleidet zu werden, und andererseits der von der Stoa zu einem philosophischen

Terminus gestempelte Begriff der συμπάθεια in weiten Laienkreisen eindrang und populär wurde. Es ist eine immer wiederkehrende Erfahrung, dass unklare oder falsche Vorstellungen sich gerne in ein wissenschaftliches Gewand hüllen, und ebenso dass oftmals gerade die fraglichsten Sätze eines philosophischen Systems die rascheste und weiteste Verbreitung finden. So auch die das Grenzgebiet zwischen Wissenschaft und Aberglaube berührende stoische Lehre von der συμπάθεια*).

II. Die sympathetische Litteratur.

Versuchen wir nun die Reste der sympathetischen Litteratur bei den Alten nachzuweisen, so haben wir erstens das wahrscheinlich älteste der antiken Sympathiebücher, das des Demokritos, bezw. des Bolos von Mendes, und die übrige pseudodemokriteische Litteratur zu besprechen, zweitens die noch erhaltenen Schriften über diesen Gegenstand aufzuführen und drittens einen Überblick über das sonstige Vorkommen dieser Lehre zu geben.

Zum voraus sei bemerkt, dass in dieser Litteratur der wissenschaftliche Anstrich, den die Sache bei den Stoikern bekommen hat, fast ganz zurücktritt; Sammler und Publikum kümmern sich sehr wenig um die συμπάθεια τῶν ὅλων und die grossen kosmischen Wechselbeziehungen, die „sublimiora", wie sie Plinius 20, 2 nennt; auch wendet sich ihr Interesse viel weniger den in der Natur vorhandenen Neigungen und Abneigungen zu, als den Wirkungen, welche durch sie hervorgebracht werden, und in ganz besonderem Masse wiederum denjenigen Wirkungen, welche der Wissende für seine Zwecke, namentlich zur Abwehr von schädlichen Tieren, schädlichen Witterungseinflüssen, Vergiftung und Verzauberung — beides φαρμακεία, veneficium genannt — und zur Heilung von allen möglichen Krankheiten verwenden kann**). Dem entsprechend haben συμπάσχειν, ἀντιπάσχειν und die zugehörigen Wörter eine eigentümliche Bedeutungswandlung erfahren.

Neben die ursprüngliche, oben auseinandergesetzte Bedeutung trat die andere, eine fördernde oder hemmende Wirkung ausübend. Man sah in dem „auf gleiche oder entgegengesetzte Weise affiziert werden" die Wirkung einer geheimnisvollen Kraft und bezeichnete dann bald auch diese anziehende oder abstossende, fördernde oder hemmende Kraft als συμπάθεια und ἀντιπάθεια, und die Ausübung dieser Kraft als συμπάσχειν und

---

*) Über die συμπάθεια bei den Neuplatonikern siehe unten.

**) Übrigens dient die Sympathie keineswegs bloss, wie schon behauptet worden ist, zur Abwehr, sondern auch zur Hervorbringung positiver Wirkungen; φαρμακεία und φίλτρα werden ebensogut zur Sympathie gerechnet, wie ἀμυντήρια und φυλακτήρια.

ἀντιπάσχειν; daher ἀντιπάσχειν τινί geradezu für entgegenwirken, helfen gegen, und ebenso ἀντιπαθές, ἀντιπαθητικόν als Mittel gegen etwas gebraucht wird. Zu der passiven oder neutralen ist also noch eine aktive Bedeutung hinzugekommen. Belege dafür wird die Besprechung der einzelnen Schriftsteller in Menge bringen.

Eine befriedigende Definition von συμπάθεια in diesem Sinne habe ich bei den Alten nicht finden können; ich gebe daher, was Stephanus im Thesaurus s. h. v., wahrscheinlich aus den Defin. medic. des Gorräus anführt und was als zutreffend bezeichnet werden kann: Συμπάθεια est duorum naturalis quaedam coniunctio et concordia. Eam similitudo vel generis vel naturae vel temperamenti vel morum vel rerum aliarum conciliat. In plurimis vero causa ignoratur eamque philosophi et medici etiam sapientissimi ad substantiae totius familiaritatem atque occultam quandam vim et proprietatem retulerunt. Quam si quis sit, qui se nosse profiteatur, non caret arrogantiae impudentiaeque nota. Huiusmodi συμπαθείας exempla permulta a philosophis referuntur, ut magnetis cum ferro, purgantium medicamentorum cum humoribus, elephanti cum homine, hominis cum plerisque animalibus, herbis et fructibus, quibus salubriter vescitur. Huic sympathiae contraria est ἀντιπάθεια, quae non est alia quam caeca rerum inter se discordia.

Es fehlt ferner bei den Alten eine einigermassen brauchbare Abgrenzung der Magie von der Sympathie; wohl werden da und dort physici (Sympathetiker) von den magi geschieden; aber vielfach wird ganz dasselbe bald als Sympathie bald als Lehre der Magier bezeichnet. Es ist das auch nicht zu verwundern. Wenn man beispielsweise die Unterscheidung aufstellt, dass Magie, die βίαιος τέχνη der Alten, der Versuch sei, die Gottheit oder andere höhere Mächte durch sinnliche Mittel zum Dienste des Menschen zu zwingen, während bei der Symphathie eine geheime Naturkraft, welche sinnlichen Dingen und Manipulationen beigelegt wird, in den Dienst des Menschen gestellt werden soll, so zeigt schon die häufige Zuthat von heiligen Namen, Sprüchen, Anrufungen von Göttern oder Geistern bei sympathetischen Mitteln und ähnliches, wie nahe ein Hinübergreifen der Sympathie auf das Gebiet der Magie lag; daher es uns auch nicht überraschen darf, wenn wir umgekehrt Magie bei den Alten geradezu für Sympathie gebraucht finden werden.

Endlich sei noch darauf hingewiesen, dass die sympathetische Wirkung zwar sehr häufig, aber durchaus nicht immer eine Wirkung in die Ferne ist; sie erfolgt auch durch Berührung, Essen, Trinken u. s. w., nach der Anschauung der Neueren, wie der Alten. Eigentümlich aber ist bei den letzteren, dass selbst Vorgänge, wie die Verwandlung der Raupe zu Puppe und Schmetterling oder die Generatio aequivoca, unter den Sympathien aufgezählt werden.

1.

Das Sympathiebuch des Demokritos, bezw. des Bolos von Mendes, und die übrige pseudodemokriteische Litteratur.

Da ausser dem schon anfangs genannten Traktat, welcher unter dem Titel Fragmentum Democriti de sympathiis et antipathiis von Fabricius in seiner Bibliotheca Graeca veröffentlicht wurde, starke Spuren eines grösseren, dem Demokrit im Altertum zugeschriebenen, Sympathiebuchs vorhanden sind, und da noch mehrere Schriften verwandten Inhalts unter seinem Namen begegnen, so sind wir genötigt, auf die pseudodemokriteische Litteratur hier einzugehen.

Noch Cicero, bezw. seine Quellen hatten von solchen Schriften keine Kunde; andernfalls würde er sicherlich deren abergläubischen Inhalt in den oben zitierten Büchern de nat. deorum und besonders de divinatione, schon aus Animosität gegen die an Demokrits Physik sich anlehnenden Epikureer, zur Sprache gebracht haben. Aber Vitruv, der uns Jahr 14 vor Christus sein Werk de architectura schrieb, erwähnt im Vorwort zum 9ten Buch § 14*) ein Cheirokmeton oder Cheirokmeta des Demokrit: „ich bewundere aber auch des Demokrit Bücher über das Wesen der Dinge und dessen Abhandlung, welche Cheirokmeta**) betitelt ist, worin er auch mit seinem Ringe auf weichem Wachse zu besiegeln pflegte, was er durch Versuche erprobt hatte***).

Ungefähr 75 Jahre später (ca. 62 nach Chr.) schreibt Columella de Re Rust. 7, 5, 17: Sed Aegyptiae gentis auctor memorabilis, Bolus Mendesius, cuius commenta, quae appellantur Graece χειρόκμητα, sub nomine Democriti falso produntur, censet propter hanc pestem (ignis sacer oder pusula, Rotlauf) saepius ac diligenter ovium terga perspicere, ut si forte sit in aliqua tale vitium deprehensum, confestim scrobem defodiamus in limine stabuli, et vivam pecudem, quae fuerit pusulosa, resupinam obruamus patiamurque super obrutam meare totum gregem, quod eo facto morbus propulsetur.

Man wundert sich nun billig über die Art, wie Vitruv von dem Werke spricht, und möchte zunächst geneigt sein anzunehmen, dass auch ein echtes Werk Demokrits

---

*) Vitruvius de architectura, ed. Rose et Müller-Strübing, IX. praef. § 14: multas res attendens admiror etiam Democriti de rerum natura volumina et eius commentarium, quod inscribitur χειροκμήτων, in quo etiam utebatur anulo, ut signaret cera molli, quae esset expertus.

**) E. Meyer, Geschichte der Botanik, B. I, p. 277: „Eigentlich bedeutet χειρόκμητον alles mit der Hand verfertigte; wer aber keinen Siegelring führte, drückte die Hand selbst, oder wenigstens den Daumen in das weiche Wachs. Dann hiess die Schrift mit dem Siegel in gleichem Sinn bei den späteren Lateinern ein Manifest, deutsch eine Handfeste, auch wohl Daumenfeste. Handfesten enthielt also das Buch, urkundliche Bürgschaften für die Richtigkeit des Inhalts, wie noch jetzt unsere Quacksalber ihre Sudeleien mit dergleichen Handfesten zu versehen pflegen."

***) Von Zosimos aus Alexandrien, der nach Kopp, Beiträge, p. 165, im vierten Jahrh. nach Chr. schrieb, wird eine alchymistische Schrift gleichen Titels erwähnt. cf. Suidas ed. Bernh. I pars II, pag. 742.

unter diesem Titel existiert habe; es ist das aber dadurch ausgeschlossen, dass in dem von Thrasyllus herrührenden Verzeichnis der demokritischen Schriften bei Diogenes Laertius IX, 13, welches bereits Unechtes enthält, eine Schrift dieses Namens sich nicht findet. Die Änderung von Χερνικά ἢ Προβλήματα an dieser Stelle in Χειρόκμητα ἢ Πρ., welche Hübner und Cobet sogar in den Text aufgenommen haben, ist rein willkürlich und wird mit Recht auch von Susemihl, Geschichte der griech. Litteratur in der Alexandrinerzeit I, pag. 484 Anm. 136 verworfen. F. H. F. Meyer meint, Vitruv scheine die Cheirokmeta weniger gelesen und geprüft, als bewundert zu haben. Dass man jedoch sowohl den Inhalt derselben als auch die Einwände gegen seine Echtheit kennen und doch von dieser überzeugt sein konnte, beweist Plinius, der, obwohl er seines älteren Zeitgenossen Columella Werk unter seinen Quellen aufführt und auch sonst mehrfach zitiert, trotzdem nachdrücklich für die Echtheit der Cheirokmeta eintritt. Nat. Hist. 24, 160: Democriti certe chirocmeta esse constat. Darauf folgen als Probe des Inhalts die Wirkungen von 14 Kräutern, eine wunderbarer als die andere: Das Kraut Aglaophotis dient, um die Götter herauszubeschwören (deos evocare); das Kraut Achämenis, getrunken, zwingt Schuldige zum Geständnis; das Theombrotion trinken die Perserkönige gegen alle Leibesschäden; wenn man mit dem Kraut Adamantis einen Löwen berührt, so fällt er auf den Rücken; Arianis zündet geöltes Holz an; Theronarka versetzt alle wilden Tiere in Narkose u. s. w.

Auffallender Weise zitiert aber Columella noch zwei weitere dem Demokrit zugeschriebene Schriften, ohne Bedenken gegen seine Autorschaft zu äussern. De R. R. 11, 3, 2: Democritus in eo libro, quem Georgicon (v. l. Georgica) appellavit, parum prudenter censet eos facere, qui hortis exstruant munimenta, quod neque latere fabricata maceries perennare possit, pluviis ac tempestatibus plerumque infestata, et lapidea supra rei dignitatem poscat impensam*); si vero amplum modum saepire quis velit, patrimonio esse opus. Aus derselben Schrift stammt ohne Zweifel auch das landwirtschaftliche Rezept des Demokrit bei Col. 11, 3, 61: Veteres quidam auctores, ut Democritus, praecipiunt semina omnia suco herbae, quae sedum appellatur, medicare eodemque remedio adversus bestiolas uti. Eben dahin gehört, dass er bei Col. 9, 14, 6 neben Mago und Vergil als Gewährsmann für die Bugonie d. h. für die Entstehung von Bienen aus einem verwesenden Ochsen angeführt wird. (Ebenso Geop. 15, 2, 21.) Plinius nennt den Titel des Buches nicht, hat es aber — sei es nun mittelbar oder unmittelbar — vielfach benutzt. Nat. Hist. 18, 159 verwendet er, unabhängig von Columella, dieselbe Stelle, wie dieser 11, 3, 61. Democritus suco herbae, quae appellatur aizoum, in tegulis nascens,

---

*) So schlage ich vor zu lesen. J. G. Schneider liest: neque lapides supra rei dignitatem poscat impensa, uud vermutet im Kommentar neque lapidea non poscat impensam.

ab aliis hypogaesum, Latine vero sedum vel digitillum, medicata seri inbet omnia semina. Zitate aus Demokrit, wie 13, 131 über Cytisus als Bienenfutter, 14, 20 über die Zahl der Rebensorten, 15, 138 und 17, 23 über Baumzucht, 17, 62 über Myrtenpflanzungen, 18, 47 ein Mittel um Wald zu roden, lassen keinen Zweifel über ihre Herkunft; auch 18, 231 Bestimmung des Wetters nach Sommer- und Wintersolstitium, § 312 der Aufgang der Capella, § 321, vom Einfluss des Mondes auf die Landwirtschaft enthalten nur Angaben, wie sie bei den Schriftstellern auf diesem Gebiet immer wiederkehren. In sehr ausgiebiger Weise ist die dem Demokrit zugeschriebene Schrift, allerdings ebenfalls ohne Nennung des Titels, in den Geoponika des Cassianus Bassus benutzt; siehe den Index auctorum in der Ausgabe von Niclas*) und bei Oder, Beiträge zur Geschichte der Landwirtschaft bei den Griechen, Rhein Mus. Neue Folge, Band 45. 1890. Seite 70. Cassianus Bassus hat übrigens die Schrift nicht selbst benutzt, sondern durch Vermittlung der Συναγωγή γεωργικῶν ἐπιτηδευμάτων des Vindanius Anatolius Berytius, der zur Zeit des Kaisers Julian schrieb, wie Gemoll**) in seinen Untersuchungen über die Quellen u. s. w. der Geoponika gezeigt hat. Oder a. a. O. pag. 77 geht noch weiter und nimmt folgende Zwischenhände zwischen Pseudodemokrit und den Geoponika an: Cassius Dionysius, Celsus, Plinius, Apuleius, Anatolius. Schon früher hatte sich E. H. F. Meyer in seiner Geschichte der Botanik I, S. 16—21 in schlagender Weise gegen Mullach ***) gewendet, der einzelne Partien in den Geoponika, darunter freilich auch die Angabe, dass der Hase von Zeit zu Zeit sein Geschlecht wandle und bald Männchen, bald Weibchen sei, des grossen Abderiten nicht unwürdig gefunden hatte, und hatte überzeugend nachgewiesen, dass Demokrit nicht zu den Geoponikern zu rechnen sei. Alle drei, Meyer, Gemoll und Oder, betrachten als Verfasser den schon erwähnten Bolos von Mendes, von welchem Columella 11, 3. 53 eine gar künstliche, von Plin. 19, 23 als commentum bezeichnete, Anweisung mitteilt, um das ganze Jahr hindurch frische Gurken zu haben.

Die andere, von Columella anscheinend unbedenklich dem Demokrit zugeschriebene Schrift, diejenige, welche uns hier am meisten interessiert, wird erwähnt de R. R. 11, 3, 64. Democritus in eo libro, qui Graece inscribitur περὶ ἀντιπαθῶν, affirmat has ipsas bestiolas (nämlich die Raupen an Gartengewächsen) enecari, si mulier — — solutis crinibus et nudo pede unamquamque arcam ter circum eat: post hoc enim decidere omnes vermiculos et ita emori. Schon vorher hatte er dieses Mittel im toten

---

*) Geoponicorum sive de Re Rustica libri XX, post P. Needhami curas rec. et illustr. ab Jo. Nicolao Niclas. Lipsiae 1781.

**) W. Gemoll, Untersuchungen über die Quellen, den Verfasser und die Abfassungszeit der Geoponika, im ersten Band der Berliner Studien für klassische Philologie und Archäologie. Berlin 1884.

***) Democriti Abderitae operum fragmenta collegit, recensuit etc. F. G. A. Mullachius. Berol. 1384.

Buche, v. 377 ff. gegeben und zwar als „Dardaniae artes." Dieselbe Schrift hat der Kirchenschriftsteller Tatian*) im Auge, wenn er in seinem Λόγος πρὸς "Ελληνας (verfasst ca. 165 n. Chr.), cap. 17 sagt: Περὶ τῶν κατὰ τὸν Δημόκριτον συμπαθειῶν τε καὶ ἀντιπαθειῶν τί καὶ λέγειν ἔχομεν, ἢ τοῦθ' ὅτι κατὰ τὸν κοινὸν λόγον ἀβδηρολόγος ἐστὶν ὁ ἀπὸ τῶν Ἀβδήρων ἄνθρωπος; wie aber derjenige, fährt der eifrige Apologet fort, welcher der Stadt ihren Namen gegeben hat, der angebliche Freund des Herakles (Abderos), von den Rossen des Diomedes gefressen wurde, gerade so wird auch er, der mit dem Magier Ostanes prahlt (ὁ τὸν μάγον Ὀστάνην καυχώμενος) am Tage der Vollendung aller Dinge dem fressenden ewigen Feuer überantwortet werden. Und auch ihr, wenn ihr nicht aufhört mit eurem Lachen, werdet die gleichen Strafen zu fühlen bekommen, wie die Zauberer (γόητες). Darum, ihr Hellenen, höret auf mich, als auf einen, der von oben herab ruft, und verschonet den Verkündiger der Wahrheit mit eurem Gelächter und eurer Thorheit. Krankheit wird nicht durch Antipathie gehoben, noch der Wahnsinnige durch Amulete geheilt. Das sind vielmehr Heimsuchungen von Dämonen etc. (πάθος οὐκ ἔστι δι' ἀντιπαθείας ἀπολλύμενον, οὐδὲ ὁ μεμηνὼς πυτίδων ἐξαρτήμασι θεραπεύεται. Δαιμόνων εἰσὶν ἐπιφοιτήσεις.) Nach dieser Stelle hat der Titel, wie auch aus anderen Gründen wahrscheinlich ist, vollständiger Δημοκρίτου περὶ συμπαθειῶν καὶ ἀντιπαθειῶν gelautet.

Die auffallende Erscheinung, dass Columella nicht auch das Georgikon und das Buch περὶ ἀντιπ. als Falsifikate bezeichnet, sucht Oder a a. O. S. 77 so zu erklären: Columella habe in seiner Vorlage jedesmal beide Namen nebeneinander gelesen, habe aber nur einmal beide genau abgeschrieben, einmal den Bolos allein, sonst nur den berühmten Namen des Abderiten; eine Erklärung, welche in der That dem landwirtschaftlichen Zitat aus Bolos bei Col. 11, 3, 53 gerecht wird.

Dieses Sympathiebuch des Demokrit kann vom Abderiten nach dem Inhalt der Columellastelle selbstverständlich nicht herrühren; es muss unterschoben sein, wie die Cheirokmeta und das Georgikon, und auf Bolos von Mendes führen auch hier die Spuren. Es finden sich nämlich bei Suidas s. v. Βῶλος folgende Angaben: (Suid. Lex. rec. Bernhardy I pars I pag. 1030 f.) Βῶλος Δημοκρίτειος, φιλόσοφος. ἱστορίαν καὶ τέχνην ἰατρικήν. ἔχει δὲ (er behandelt darin) ἰάσεις φυσικὰς ἀπό τινων βοηθημάτων τῆς φύσεως, und dann: Βῶλος Μενδήσιος, Πυθαγόρειος. περὶ τῶν ἐκ τῆς ἀναγνώσεως τῶν ἱστοριῶν εἰς ἐπίτασιν ἡμᾶς ἀγόντων, περὶ θαυμασίων, φυσικὰ δυναμερά**). ἔτι (so Küster für ἔχει) δὲ

---

*) Corpus Apologetarum Christianorum saeculi secundi ed. Otto. Vol. VI. Tatianus Assyrius. Jenae 1851.

**) δυναμερά ist nicht zu ändern. Es giebt von Aelius Promotus eine, teilweise veröffentlichte, Schrift mit dem Titel Δυναμερόν, eine trockene Aufzählung von Medikamenten; siehe Rhode, Rhein. Mus. N. Folge. Band 28, S. 264, der dabei bemerkt, dass schon Apollonios Mys Δυναμερά geschrieben habe.

περὶ συμπαθειῶν καὶ ἀντιπαθειῶν, περὶ λίθων (so Küster statt ἀντιπαθειῶν λίθων) κατὰ στοιχεῖον, περὶ σημείων τῶν ἐξ ἡλίου καὶ σελήνης καὶ ἄρκτου καὶ λόγχου καὶ ἴριδος. Es ist kein Zweifel, dass Suidas aus dem einen Bolos zwei gemacht hat, irregeführt, wie Meyer a. a. O. p. 281 richtig bemerkt, dadurch, dass er ihn bald als Demokriteer, bald als Pythagoreer bezeichnet fand; von Demokritos habe sich Bolos, wenn nicht die Weisheit, so doch den Namen angeeignet, pythagorisch aber habe damals alles Geheimnisvolle, Wunderbare, Zauberhafte geheissen *). Die Identität der beiden Bolos findet auch ihre Bestätigung in dem Scholion zu Nikanders Theriaka v. 764 **). Ἰστέον δ' ὅτι Σώστρατος ἐν τῷ περὶ βλητῶν καὶ δακέτων τὴν περσείαν, ἣν ῥῶαχινέαν καλοῦσι, φησὶν ἀπ' Αἰθιοπίας εἰς Αἴγυπτον μεταφυτευθῆναι, Βῶλος δὲ ὁ Δημοκρίτειος ἐν τῷ περὶ συμπαθῶν καὶ ἀντιπαθῶν Πέρσας φησὶν ἔχοντας παρ' ἑαυτοῖς θανάσιμον φυτὸν φυτεῦσαι ἐν Αἰγύπτῳ, ὡς ἐκ τούτου πολλῶν μελλόντων ἀναιρεθήσεσθαι, τὴν δὲ ἀγαθὴν οὖσαν εἰς τοὐναντίον μεταστρέψαι, ποιῆσαί τε τὸ φυτὸν τὸν καρπὸν γλυκύτατον, οἷος ὁρᾶται νῦν. Hier wird also von dem Demokriteer Bolos eben die Schrift περὶ συμπ. καὶ ἀντιπ. zitiert, welche Suidas dem Pythagoreer Bolos zuschreibt. Dasselbe Scholion zeigt ferner, dass der Vorschlag Küsters, περὶ vor λίθων einzusetzen, richtig ist; denn der Inhalt des Scholions, welches von der Antipathie der guten ägyptischen Erde gegen das Gift der von den Persern importierten Persea handelt, hat nichts mit Steinen zu thun, während περὶ λίθων oder λιθικά ein sehr gewöhnlicher Büchertitel ist. cf. Susemihl I, 858.

Auf Grund dieser Stellen hat man schon längst mit Recht auch hier eine Fälschung des Bolos angenommen; die von Columella a. a. O. und von Tatian zitierte Schrift des Demokritos περὶ ἀντιπαθῶν ist dieselbe mit dem von Suidas und dem Scholiasten des Nikander erwähnten Buche des Βῶλος Δημοκρίτειος bezw. Πυθαγόρειος περὶ συμπαθειῶν καὶ ἀντιπαθειῶν (oder συμπαθῶν καὶ ἀντιπαθῶν). Dass der Titel nicht ganz genau übereinstimmt, bildet keinen Anstoss; erstlich pflegen die Alten bekanntlich bei Angabe von Büchertiteln es nicht so genau zu nehmen, und zweitens enthielten die Sammlungen, soweit wir sehen, ungleich mehr Antipathien - als Sympathien; daher auch sonst diese denominatio a potiori üblich ist. Z. B. dem Plutarch Quaest. conviv. II, 7 sind die Vertreter der Lehre von Sympathie und Antipathie kurzweg οἱ τὰς ἀντιπαθείας θρυλοῦντες.

Wenn nun gleich die Schrift des Demokritos περὶ συμπαθειῶν καὶ ἀντιπαθειῶν sonst nicht mehr ausdrücklich zitiert wird, so lässt sich doch seine Benutzung bei anderen, und namentlich bei Plinius, bezw. seinen Quellen, mit voller Sicherheit nachweisen ***).

So giebt er dasjenige, was Columella 11, 3, 64 daraus anführt, ebenfalls, aber

---

*) Vgl. auch Susemihl, Gesch. der gr. Litt. etc. I. S. 482. Anm. 128.
**) Scholia et paraphrases in Nicandrum et Oppianum ed. M. Cats Bussemaker. Paris 1849.
***) Über die Frage, ob mittelbare oder unmittelbare Benutzung stattfand, siehe unten.

in so ganz anderer Form, dass er es nicht aus Columella entnommen haben kann, wenn er Nat. Hist. 17, 266 sagt: Multi autem et has (sc. formicas) et talpas amurca necant, contraque erucas, et mala ne putrescant, lacerti viridis felle tangi cacumina iubent, privatim autem contra erucas ambiri arbores singulas a muliere initiante mensis, nudis pedibus, recincta. Zwar ist Demokrit nicht ausdrücklich zu dieser Stelle genannt, aber er wird wenigstens im Autorenverzeichnis für das Buch aufgeführt. Übrigens haben die abgeschmackte Geschichte auch noch Aelian Nat. An. 6, 36, Palladius 1, 35, 3, und zuletzt und am ausführlichsten Geoponica 12, 8, alle ohne Angabe des Gewährsmanns.

Auf eine weit ausgedehnte Benutzung des pseudodemokriteischen Sympathiebuchs führt aber eine Anzahl weiterer Stellen der Naturalis Historia, zunächst einmal der Eingang des zwanzigsten Buches, welches handelt von den medicinae ex his, quae in hortis seruntur. 20, 1. Maximum hinc opus naturae ordiemur et cibos suos homini narrabimus faterique cogemus, ignota esse, per quae vivat *). Nemo id parvum ac modicum existimaverit, nonninum vilitate deceptus. Pax secum in his aut bellum naturae dicetur, odia amicitiaque rerum surdarum ac sensu carentium, et quo magis miremur, omnia ea hominum causa, quod Graeci sympathiam et antipathiam**) appellavere, quibus cuncta constant, ignes aquis restinguentibus, aquas sole devorante, luna pariente, altero alterius iniuria deficiente sidere, (§ 2) atque, ut a sublimioribus recedamus, ferrum ad se trahente magnete lapide et alio rursus abigente a sese, adamanta rarum opum gaudium, infragilem omni cetera vi et invictum, sanguine hircino rumpente, quaeque alia in suis locis dicemus paria vel maiora miratu. Tantum venia sit a minimis, sed a salutaribus ordienti primumque ab hortensis.

Im Quellenverzeichnis für dieses Buch nennt Plinius von Lateinern Cato Censorius, M. Varro etc., von Ausländern Democritus, Theophrastus, Orpheus, Menander, qui βιόχρηστα scripsit, Pythagoras und Nicander; von Ärzten Hippocrates, Chrysippus, Diocles etc. Cato und Hippocrates können für den vorliegenden Abschnitt selbstverständlich nicht in Betracht kommen, Theophrast wird § 5, Chrysippus § 17, Diocles § 19 zitiert. Da nun, wie Heinrich Brunn, De auctorum indicibus Plinianis Disput. isag. Bonn 1856,

---

*) Die Stelle erhält das nötige Licht durch den Schluss des vorhergehenden Buches, wo es heisst, bis dahin seien die Gartengewächse nur hinsichtlich ihres Gebrauchs als Nahrungsmittel besprochen: maximum quidem opus in iisdem naturae restat, quoniam proventus tantum adhuc summasque quasdam tractavimus. Vera autem cuiusque natura non nisi medico effectu pernosci potest, opus ingens occultumque divinitatis et quo nullum reperiri possit maius.

**) Die Worte et antipathiam fehlen in den Handschriften; diese Ergänzung des Pintianus ist aber unabweislich wegen des vorausgehenden pax aut bellum naturae, odia amicitiaque rerum etc, weil ferner gerade die zwei ersten Beispiele, die Plinius nennt, Antipathien sind, und weil endlich in der später noch zu besprechenden Stelle 37, 59, welche auf die unsrige Bezug nimmt, Antipathie und Sympathie genannt werden.

gezeigt hat, die Ordnung der Aufzählung im Quellenverzeichnis sich in der Hauptsache nach der Ordnung richtet, worin sie für das betreffende Buch benutzt sind, wenn auch vielfach durch längere Fortbenutzung derselben Schriftsteller, durch Nachträge, Umstellungen, Sammelausgaben und dergleichen Abweichungen herbeigeführt werden, so bleibt nur Demokrit als Quelle für den Eingang des Buches übrig, wie auch Brunn a. a. O. pag. 32 vermutet.

Also ist es in erster Linie des Demokritos Lehre von Krieg und Frieden in der Natur, von Hass und Feindschaft auch unter dem Bewusst- und Empfindungslosen, mit einem Wort, der Inhalt von Δημοκρίτου περί συμπαθειών και άντιπαθειών, was Plinius in den nun folgenden Büchern, von welchen 20—27 medizinische Botanik, 28—32 medizinische Zoologie, 33—37 angewandte Mineralogie enthält, ganz besonders zur Sprache bringen will; und dass er dieses Vorhaben auch wirklich durchgeführt hat, bezeugt er sich selbst mehrmals: 24, 85 Harundinis genera viginti octo demonstravimus, non aliter evidentiore illa naturae vi, quam continuis his voluminibus tractamus, si quidem harundinis radix contrita imposita filicis stirpem corpore extrahit, item harundinem filicis radix; und besonders am Ende seines ganzen Werkes in der merkwürdigen Stelle, 37, 59: Nunc, quod totis voluminibus his docere conati sumus de discordia rerum concordiaque, quam antipathiam Graeci vocavere et sympathiam, non aliter clarius intellegi potest, si quidem illa invicta vis (der Diamant) duarum violentissimarum naturae rerum, ferri igniumque contemptrix, hircino rumpitur sanguine, neque aliter quam recenti calidoque macerata et sic quoque multis ictibus, tunc etiam praeterquam eximias incudes malleosque ferreos frangens. Cuius hoc inventum quove casu repertum? aut quae fuit coniectura experiendi rem immensi pretii in foedissimo animalium? Numinum profecto talis inventio est et hoc munus omne, nec quaerenda ratio in ulla parte naturae, sed voluntas.

Diese nachdrücklichen, teilweise geradezu schwungvollen Worte, mit welchen er wiederholt auf diese Lehre zu sprechen kommt, die es ihm gewissermassen angethan zu haben scheint, legen die Annahme nahe, dass er wenigstens vom 20ten Buche an das Sympathiebuch des Demokritos nicht bloss mittelbar aus seinen anderen Quellen kannte, sondern dass er es selbst vor sich hatte und wieder und wieder zu Rate zog; dafür spricht auch 20, 1 f. die allgemeine Inhaltsangabe, namentlich was er von den „sublimiora", den kosmischen Sympathien, sagt, und die Ankündigung, dass er das einzelne je am geeigneten Orte mitteilen werde. Noch mehr spricht dafür, dass er, wie auch Gellius N. Att. 10, 12, 1 sagt, das pseudodemokriteische Buch vom Chamäleon Nat. Hist. 28, 112 ff. vor sich gehabt hat; und zwar hat er es erst im Verlauf der Arbeit kennen gelernt; bei der ersten Besprechung des Tiers 8, 120 ff. hatte er es noch nicht. Trotzdem wird man bei der bekannten Art des Plinius, Schriftsteller, die in seinen Quellen genannt werden, zu zitieren, als hätte er sie selbst eingesehen, die Entscheidung so lange auszusetzen haben, als die Quellenuntersuchung für die Bücher 20—32 nicht weiter vorgerückt ist. Das Georgikon hat Plinius, wie Oder a. a. O. S. 77 annimmt, durch Vermittlung des Celsus benutzt.

Aber, sei es nun mittelbar oder unmittelbar, eine sehr reichliche Benutzung des Sympathiebuchs ist man nach den angezogenen Stellen zu erwarten nicht bloss berechtigt, sondern auch genötigt; es wimmeln in der That manche Bücher, ganz besonders 28 – 30 und 32 von solchem Glauben und Aberglauben. Dazu stimmt die bemerkenswerte Thatsache, dass im Quellenverzeichnis für die einzelnen Bücher unter den Griechen Demokritos weitaus am öftesten genannt ist, wie unter den Römern der Polyhistor Varro, beide für je 30 Bücher. Echte Werke des Demokrit scheinen aber nur im 2ten Buch benutzt, und vielleicht noch 7, 189 und 28, 58, welch letztere Stelle auch P. Natorp (die Ethika des Demokritos 1893, pag. 15) unter die echten Fragmente einreiht.

Die einzelnen Stellen jedoch, in welchen, ausser den schon genannten, Demokrit ausdrücklich für Sympathien und Antipathien als Gewährsmann genannt wird, sind nicht gerade zahlreich, eben aus dem Grunde, weil er schon im Quellenverzeichnis so oft aufgeführt ist.

Aber ausser Plinius giebt namentlich auch noch der Verfasser der Geoponika eine Anzahl sympathetischer Beziehungen und Heilmittel aus Demokrit, nirgends freilich mit dem Titel der einzelnen Schrift; es bleibt also vielfach unsicher, ob ein Zitat aus dem Georgikon, den Cheirokmeta, dem Sympathiebuch oder sonst woher stammt. Manche Stelle könnte in jedem der genannten drei Bücher gestanden haben. Columella, Palladius und noch weit mehr die Geoponika zeigen z. B., wie vieles über Sympathie und Antipathie die landwirtschaftlichen Schriftsteller in ihre Werke aufnahmen; und nicht bloss von ihnen gilt, was Photius Biblioth. cod. 163 über sie sagt, σχεδόν τι ̧τὰ αὐτὰ περὶ τῶν αὐτῶν ἀποφαίνονται, auch die gesamte Mirabilienlitteratur und die Zauberpapyri zeigen, wie fleissig man nicht nur andere, sondern auch sich selbst abschrieb.

Immerhin dürfte die auf den vier nächsten Seiten folgende Zusammenstellung dessen, was auf den Namen des angeblichen Demokrit überliefert ist, mehr als genügen, um eine Vorstellung davon zu geben, wes Geistes Kind dieser Pseudodemokrit, wie geartet überhaupt der Inhalt der antiken Sympathiebücher war, und was alles man als Sympathie und Antipathie bezeichnete. Wenn freilich Plinius einmal (28, 87) bei Aufzählung solcher Dinge bemerkt, er habe viele unterdrücken müssen als intestabilia, infanda, und könne von dem, was er anführe, vieles nur mit vorausgeschickter Entschuldigung „honore dicto" sagen, so ist für uns noch manches von dem, was Plinius und die anderen aufgenommen, kaum oder gar nicht wiederzugeben.

Nat. Hist. 20, 28 sagt Plinius, Demokrit halte den Rettich für ein Aphrodisiacum;

von den Blättern, die an der länglichen Gattung wachsen, sage man, dass sie die Seh-
kraft schärfen; wenn aber der Rettich zu scharf auf die Augen wirke, so müsse man sofort Ysop anwenden: „haec antipathia est."

28, 153 ist die Rede von den unzähligen 'wundersamen Heilmitteln, welche aus
dem Körper von Ziege und Ziegenbock gewonnen werden. Demokrit behaupte, die
Wirkung dieser Mittel sei noch stärker, wenn sie von einem hircus singularis genommen
werden, d. h. von einem solchen, der allein geboren sei. § 155 fährt dann Plinius fort:
Gegen Skorpionenbisse helfe fimus caprae cum aceto decoctus; ja man überliefere sogar,
dass wenn der vom Skorpion Gestochene sogleich einem Esel ins Ohr sage, er sei von
einem Skorpion gestochen worden, so gehe das Übel auf das Tier über. Der, der solches
überlieferte, war Demokritos, wie Geop. 13, 9, 6 zeigt: Δημόκριτός φησι τὸν πληγέντα
ὑπὸ σκορπίου καὶ εὐθέως εἰπόντα τῷ ὄνῳ, σκορπίος με ἔπληξεν, οὐκ ἀλγήσειν, τῆς ἀλγηδόνος
εἰς τὸν ὄνον μεταβαινούσης (fast wörtlich gleich in der Sympathiensammlung Geop. 15,
1, 25). Hieran schliesst sich unmittelbar an § 7: Ἀντικάθειαν ἔχει ὁ ἀσκαλαβώτης
(stellio, eine Eidechsenart) πρὸς τὸν σκορπίον · ἐὰν οὖν τις εἰς Ἔλαιον τήξας τὸν ἀσκαλαβώτην,
ἐκ τοῦ ἐλαίου χρίσῃ τὸν πληγέντα, ἀπαλλάσσει τῆς ὀδύνης. Von derselben Antipathie weiss
Plinius, wieder ohne Nennung des Demokrit, zu berichten, 11, 90: Magnam adversi-
tatem oleo mersis stellionibus putant esse, und 29, 90: Scorpionibus contrarius maxime
invicem stellio traditur, ut visu quoque pavorem his adferat et torporem frigidi sudoris;
itaque in oleo putrefaciunt eum et ita ea vulnera perungunt.

Die Geoponika bieten noch folgende Stellen: 2, 42, 3. Gegen das Unkraut
λέων oder ὀνοπόρδιον. auch ὀροβάγχη genannt (Orobanche caryophyllacea L.?), finde sich
noch ein weiteres, physisches Mittel, θεραπεία φυσικὴ καὶ ἀντιπαθής, ᾗ καὶ
Δημόκριτος μαρτυρεῖ: er sage nämlich, weil das Tier Löwe beim Anblick des Hahns er-
schrecke und sich zurückziehe, so verschwinde auch das Unkraut dieses Namens sofort,
wenn jemand mit einem Hahn in der Hand das Grundstück umschreite. Die bekannte
Fabel von der Angst des Löwen vor dem Hahn findet sich unter den Antipathien
Geop. 15, 1, 9.

Geop. 10, 29, 5: Demokritos sage, dass zwischen Myrte und Granatbaum gegenseitige Zuneigung bestehe (χαίρειν ἀλλήλοις); werden sie nebeneinander gepflanzt, so ver-
schlingen sie ihre Wurzeln ineinander und tragen reichlich Früchte. cf. Simeon Sethi in
seinem Syntagma de alimentorum facultatibus ed. B. Langkavel, 1868, pag. 71: φησὶ δὲ
Δημόκριτος, ὥς τινα φυσικὴν συμπάθειαν ἔχει ἡ μυρσίνη πρὸς τὴν ῥοιάν.

Geop. 13, 8, 5. Demokritos sage: eine Schlange rührt sich nicht mehr, wenn
man eine Ibisfeder auf sie wirft; sie stirbt, wenn man Eichenblätter auf sie streut, oder
wenn ein nüchterner Mensch ihr ins Maul spuckt. Das erste dieser drei Mittel wird erwähnt in der Sympathiensammlung Geop. 15, 1, 15 (vgl. auch das fragmentum Nepualii

§ 81 und das sog. fragmentum Democriti § 35); ebendaselbst auch das zweite; vom dritten weiss Plinius 7, 15; 28, 35 und 38, an welch letzterem Orte er aber einen Arzt Ofilius als seinen Gewährsmann angiebt. Geop. 13, 14, 9. Demokritos sage: wenn man Hasen- oder Hirschfüsse an die Bettpfosten, hinten an der Rücklehne anbinde, so gebe es keine Wanzen. Geop. 14, 9, 6: Wenn man Raute den Hühnern unter die Flügel binde, so werden sie weder von Katzen, noch Füchsen, noch sonst einem Tiere berührt; noch viel weniger aber, wenn man ihnen Katzen- oder Fuchsgalle unter das Futter mische, wie Demokritos bezeuge.

Geop. 5, 50 wird angekündigt: Φυσικὸν Δημοκρίτειον παράδοξον διὰ πείρας πολλάκις, πρὸς τὸ μήτε τὰς ἀμπέλους μήτε τὰ δένδρα μήτε τὰ λήια μήτε ἄλλο τι ὑπό τινος βλάπτεσθαι, καὶ μάλιστα ὑπὸ τῶν μειζόνων θηρίων. Das Rezept selbst schreibt vor, man solle die Gewächse mit Wasser begiessen, in welchem mindestens 10 Fluss- oder Meerkrebse 10 Tage lang der Sonne ausgesetzt gewesen seien. Dasselbe hat fast wörtlich gleich, und ebenfalls als Rat des Demokrit Palladius de R. R. 1, 35, 7. Man vergleiche ferner Geop. 10, 89, wo als φυσικὸν Δημοκρίτειον διὰ πείρας fast das nämliche Mittel gegen Beschädigungen durch Rindvieh angeführt wird, nur dass 8 Krebse und 8 Tage Insolation genügen. Das gleiche Mittel, ohne Autornamen, gegen Vögel Geop. 2, 18, 3.

Von den Abschnitten, wo Demokrit nur in der Randbeischrift als Gewährsmann genannt ist, sehe ich ab, so sehr auch manches zum Inhalt obiger Textzitate stimmt; z. B. Geop. 12, 6 (cf. Pallad. I, 35, 15), 13, 1, § 6 (cf. Pallad. 1, 35, 12), § 7 (cf. Nepual. § 86). Dagegen mögen hier aus Plinius noch folgende Demokritoszitate eine Stelle finden, von denen freilich manche eher aus den Cheirokmeta oder auch aus dem „Steinbuch" des Bolos stammen dürften, als aus dem Sympathiebuch.

Nat. Hist. 21, 62: Demokrit spreche mit Staunen von dem nachtleuchtenden Kraut Nyctegreton aus Gedrosien, das die Magier- und Partherkönige verwenden, wenn sie ein Gelübde thun, und vor welchem — vom Erhabenen zum Lächerlichen ist nur ein Schritt — die Gänse erschrecken, weshalb es auch Chenamyche genannt werde.

N. H. 27, 114: Demokrit behaupte, das Kraut Trachinia zehre aufgebunden oder als Amulet getragen, binnen dreier Tage die Milz auf.*)

N. H. 37, 146 f.: Der Stein Aspisatis finde sich im Neste arabischer Vögel, und müsse mit Kamelsmist den Milzsüchtigen aufgebunden (adalligari) werden; ein anderer Stein gleichen Namens, der in Leukopetra gefunden werde, helfe gegen Wahnsinn; der

---

*) 27, 114. Trachinia herba qualis sit, non traditur. Et promissum Democriti portentosum est, adalligatum triduo absumere lienes. Das eigenthümlich gebildete Wort adalligare wird von Plin. in der Regel für das griech. περιάπτειν gesetzt, von welchem die vielgebrauchten περίαμμα und περίαπτον in der Bedeutung von Amulet herkommen.

Stein Atizoës, der in Indien und auf einem Berge Persiens vorkomme, sei den Magiern nötig, wenn sie einen König einsetzen.

Auch noch 37, 69. 149. 160. 185 werden Angaben Demokrits über Steine und ihre Wirkungen mitgeteilt; aber all das Seitherige ist harmlos im Vergleich zu dem nun folgenden:

N. II. 28, 5 ff. (das Buch handelt von den Arzneimitteln, welche vom tierischen, bezw. vom menschlichen Körper genommen werden): Menschliche Eingeweide zu besehen, ruft Plinius, gilt für Frevel; wie aber, wenn man solche isst? Wer hat das erfunden, Osthanes*)? Denn mit dir habe ich es jetzt zu thun, du Zerstörer des Menschenrechts, du Anstifter von Greueln, die du zuerst eingeführt hast, vermutlich, damit die Menschheit deinen Namen nicht vergesse? Wer hat die Erfindung gemacht, einzelne menschliche Glieder zu verspeisen, von welchen Erwägungen geleitet? Woher können solche Arzneien allein stammen? wer hat bewirkt, dass Zaubermittel unschuldiger sind als Heilmittel? Aber zugegeben, dass Barbaren und Ausländer es waren, welche diese Bräuche erfanden, mussten denn auch Griechen diese Künste sich aneignen? Es existieren A b - h a n d l u n g e n des Demokrit, wonach für den einen Zweck mehr die Schädelknochen eines Verbrechers wirksam sind, für andere die eines Freundes und Gastfreundes**).

Nat. Hist. 10, 137: Wer die Sirenengeschichten glaube, der werde sicherlich auch nicht bestreiten, dass Schlangen dem Seher Melampus dadurch, dass sie seine Ohren leckten, das Verständnis der Vogelsprache gegeben haben, oder, was Demokrit von gewissen Vögeln erzähle, dass durch ihr vermischtes Blut eine Schlange entstehe, welche den, der sie esse, befähige, die Gespräche der Vögel zu verstehen***); und was er noch insbesondere von der Haubenlerche erwähne. Wem fällt dabei nicht das Grimm'sche Märchen von der weissen Schlange ein? „Es ist nun schon lange her, da lebte ein König, dessen Weisheit im ganzen Lande berühmt war; nichts blieb ihm unbekannt, und es war, als ob ihm Nachricht von den verborgensten Dingen durch die Luft zugetragen würde." Ein Diener deckt die geheimnisvolle Schüssel, aus welcher der König täglich ohne Zeugen isst, insgeheim auf, findet eine weisse Schlange darin, nimmt ein Stückchen davon und steckt es in den Mund: „Kaum aber hatte es seine Zunge berührt, so hörte er vor dem

---

*) Von diesem Osthanes, dem Verbreiter der Magie im Abendlande, mehreres unten.

**) Exstant commentationes Democriti, ad aliud noxii hominis ex capite ossa plus prodesse, ad alia amici et hospitis. Bei diesen commentationes wird man zunächst an die Cheirocmeta denken, welche bei Col 7, 5, 17 commenta, bei Vitruv commentarium genannt sind.

***) Qui credat ista, et Melampodi profecto auguri aures lambendo dedisse intellectum avium sermonis dracones non abnuet, vel quae Democritus tradit nominando aves, quarum confuso sanguine serpens gignatur, quem quisquis ederit, intellecturus sit alitum colloquia, quaeque de una ave galerita commemorat, etiam sine his immensa vitae ambage circa auguria, cf. N. H. 29, 72: Democritus monstra quaedam ex his (sc. anguibus) confingit, ut possint. avium sermones intelligi.

Fenster ein seltsames Gewisper von feinen Stimmen; es waren Sperlinge, die mit einander sprachen. Der Genuss der Schlange hatte ihm die Fähigkeit verliehen, die Sprache der Tiere zu verstehen." Auch die Springwurzel, deren sich das Märchen ja ebenfalls bemächtigt hat, findet sich bei Demokrit. Nat. Hist. 25, 14: Dixit Democritus, credidit Theophrastus*), esse herbam, cuius contactu inlatae ab alite, qua retulimus, exiliret cuneus a pastoribus arbori adactus. 10, 40 wird der Specht als dieser Vogel genannt; der Namen des Krautes findet sich an beiden Stellen nicht. Nach 25, 13 erzählt Demokrit diese Geschichte in einem volumen, quod de effectu herbarum composuit, andererseits wird die Springwurzel 26, 18**) mitten unter den magicae herbae der Cheirokmeta erwähnt. Dasselbe erzählt Aelian vom Specht, Nat. anim. 1, 45; aber an einer anderen Stelle (3, 26) viel ausführlicher vom Wiedehopf, ἔποψ. „Ein Wiedehopf, heisst es, hatte seine Jungen in einem Nest in einem alten Bauwerk. Der Aufseher merkt es, und verstreicht die Spalte mit Lehm. Als der Wiedehopf heimkommt und das Flugloch gesperrt sieht, holt er ein Kraut (πόα) und hält es an den Lehm, der infolge dessen losbröckelt. Dieser Vorgang wiederholt sich noch ein paarmal, bis der Aufseher sich der Wurzel bemächtigt und sie verwendet, aber nicht wie der Vogel, sondern zum Öffnen von Schatzkammern, die ihn nichts angingen."

Ferner ist für das folgende sympathetische Mittel Demokrit Gewährsmann, Plin. Nat. II. 32, 49: Wenn man einem lebenden Frosch die Zunge herausreisse, so dass nichts sonst vom Körper daran hängen bleibe, wenn man dann den Frosch wieder ins Wasser lasse, die ausgerissene Zunge aber auf das Herz einer schlafenden Frau lege, so müsse diese auf jede an sie gerichtete Frage wahrheitsgemäss Antwort geben. „Die Magier fügen noch andere Dinge hinzu, so dass, wenn sie wahr wären, die Frösche für die Menschheit viel nützlicher wären, als Gesetze u. s. w."

Man nehme noch hinzu, was Marcellus Empiricus de med. erwähnt 8, 42: Democritus affirmat, felle hyaenae si frons perfricetur, epiphoras incipientes et omnem oculorum dolorem posse sedari; und 35, 19: Medulla de spina hyaenae admixto felle eius et oleo

*) Der Sachverhalt wird der umgekehrte sein, dass nämlich Theophrast in einer nicht mehr erhaltenen Stelle dieser Sage Erwähnung gethan, und Bolos sie als Thatsache in seine Wunderbücher herubergenommen hat.

**) An dieser Stelle bespricht Plinius das überraschend schnelle Emporkommen des Naturarzts Asklepiades zur Zeit des Pompejus; ganz besonders förderlich seien ihm dabei gewesen die magicae vanitates, in tantum evectae, ut abrogare herbis fidem cunctis possent: Aethiopide herba amnes ac stagna siccari, condiendis tactu clausa omnia aperiri, Achaemenide coniecta in aciem hostium trepidare omnia ac terga verti, Jatacen dari solitam a Persarum rege legatis, ut quocumque venissent, omnium rerum copia abundarent, ac multa similia. Hiernach wäre, wenn dies Wort richtig überliefert ist, condiendis oder, wie der Parisinus E liest, condendis der Name der Springwurzel.

— 25 —

vetere decocta nervorum vitia omnia doloresque auctore Democrito persanat. Darnach
scheint es, dass auch die vielen Hyänenfabeln auf Pseudo-Demokrit zurückgehen.
Ähnliche Wunderdinge weiss Demokrit in einer besondern Schrift über
das Chamäleon zu berichten, von welcher Plinius mit grossem Vergnügen Kenntnis
genommen zu haben bekennt, als schlagendem Beweis für die Lügenhaftigkeit und Wind-
beutelei des Griechenvolkes*). Das Chamäleon ziehe den Habicht, wenn er über dasselbe hinfliege, herab, worauf er sich willig von den anderen Tieren zerfleischen lasse;
Kopf und Kehle des Chamäleons, auf Eichenholz verbrannt, ziehe Donnerwetter und
Regengüsse herbei; das rechte Auge, dem lebenden Tiere ausgerissen, heile weisse
Flecken im Auge; die Zunge, als Amulet, helfe in Kindsnöten; wenn man sie dem lebenden Tiere ausreisse, bei Prozessen vor Gericht; das Herz, in schwarze Wolle erster
Schur eingewickelt, gegen Wechselfieber; der rechte Vorderfuss, mit Hyänenfell an den
linken Arm gebunden, schütze vor Einbruch von Dieben und nächtlichem Schrecken; der
linke Fuss dagegen, im Backofen zusammen mit dem gleichnamigen Kraut Chamäleon
gedörrt, sodann mit Salbe zu Pillen geformt und in einem hölzernen Gefäss aufbewahrt,
mache den Besitzer unsichtbar; und so folgen die Wirkungen von Körperteil um Körperteil von § 113 bis § 118. Am Schlusse bemerkt Plinius, offenbar sei der sonst so
scharfsinnige und um die Menschheit verdiente Mann durch seinen allzugrossen Eifer zu
helfen auf falsche Bahnen geraten**).

Wie war es aber überhaupt möglich, dass Plinius den Demokrit solcher Behaup-
tungen für fähig hielt, trotzdem, dass sie sogar ihm, der doch so viel unglaubliches
glaubte, lächerlich vorkamen, und trotzdem, dass er wusste, dass von vielen Seiten diese
Sorte Schriften für unecht erklärt wurde? Der Grund ist darin zu suchen, dass es für
Plinius zur felsenfesten Überzeugung geworden war, Demokrit sei vor allem es gewesen,
der die Magie in Griechenland in Flor gebracht habe, gerade so wie zu gleicher Zeit
Hippokrates die Medizin. Hiemit hängt es auch zusammen, dass für Plinius Sympathie
und Magie vielfach in einander übergehen, und dass ohne Zweifel viel pseudodemo-
kriteisches unter der Masse desjenigen zu suchen ist, was er als Lehre der Magier, auch
als artes oder vanitates magicae mitteilt. So erscheint es, eben wegen der nahen Berührung zwischen Sympathie und Magie, auf welche wir schon wiederholt gestossen sind,

*) Nat. Hist. 28, 112: Jungemus illis simillima et peregrina aeque animalia, priusque chamae-
leonem peculiari volumine dignum existimatum Democrito ac per singula membra desecratum, non sine
magna voluptate nostra cognitis proditisque mendaciis Graecae vanitatis. Vgl. dazu Gellius N. A. 10, 12,
1 ff. Librum esse Democriti nobilissimi philosophorum, de vi et natura chamaeleontis, eumque se legisse
Plinius Secundus in Nat. Hist. vicesimo octavo refert, multaque vana atque intoleranda auribus deinde quasi
a Democrito scripta tradit etc.
**) Palam est virum alias sagacem vitaeque utilissimum nimio iuvandi mortales studio prolapsum.

4

als notwendig, auch noch das, was ausdrücklich von Demokrit als M a g i e r überliefert ist, näher ins Auge zu fassen.

Die Hauptstelle ist Plin. Nat. H. 30, 8 ff. Der erste Schriftsteller über Magie sei, soweit er finde, O s t h a n e s, welcher den Xerxes auf dem Zuge nach Griechenland begleitet, und, wohin er gekommen, den Samen seiner ungeheuerlichen Kunst ausgestreut habe*). Leute, die es genauer wissen wollen, behaupten zwar, dass kurz vor ihm ein jüngerer Zoroaster aus Prokonnesos geschrieben habe. Soviel aber sei sicher, dass hauptsächlich dieser Osthanes die Völker der Griechen nicht bloss mit Interesse, sondern mit rasender Leidenschaft für diese Wissenschaft erfüllt habe, obgleich man schon seit alter Zeit und fast zu allen Zeiten den höchsten schriftstellerischen Ruhm gerade mittelst dieser Wissenschaft gesucht habe. Seien doch Pythagoras, Empedokles, Demokritos, Plato ausgefahren, um die Magie zu lernen, und hätten heimgekehrt sie gepriesen und als Geheimlehre behandelt.

„Demokrit, heisst es nun weiter, hat den Apollobeches aus Koptos und den Dardanus aus Phönizien bekannt gemacht, indem er die Bücher des Dardanus sogar aus dem Grabe desselben hervorholte und seine eigenen auf Grund der Lehre der beiden genannten Männer herausgab**). Dass diese Schriften bei Menschen überhaupt Aufnahme gefunden und im Gedächtnis sich erhalten haben, gehört zum wunderbarsten in der Welt; so unglaubwürdig und so verwerflich sind diese Bücher, und zwar in dem Grade, dass diejenigen, welche alles andere an dem Manne loben, leugnen, dass das Werke von ihm seien. Aber umsonst! Denn es steht fest, dass er hauptsächlich es war, welcher ein solch tiefgehendes Interesse für diese Dinge den Gemütern eingepflanzt hat. Auch ist es sehr wunderbar, dass beide Künste, Medizin und Magie gleicherweise zur Blüte kamen, indem jene von Hippokrates, diese von Demokritos zu gleicher Zeit schriftstellerisch behandelt wurde, nämlich zur Zeit des peloponnesischen Krieges."

Von dem obengenannten Osthanes***), der zuerst über Magie geschrieben haben soll, hat Plinius eine, offenbar unvollständige, Aufzählung der verschiedenen Arten der-

---

*) Primus, quod exstet, ut equidem invenio, commentatus est de magice Osthanes, Xerxen regem Persarum bello, quod is Graeciae intulit, comitatus, ac velut semina artis portentosae sparsit obiter infecto quacunque commeaverant (al. commeaverat), mundo.

**) Nat. Hist. 30, 9. Democritus Apollobechem Coptitem et Dardanum e Phoenice inlustravit, voluminibus Dardani in sepulchrum eius petitis, suis vero ex disciplina eorum editis. Man hat e sepulchro schreiben wollen, aber man vergleiche Stellen wie 14, 52: non maria plus temerata con ferre mercatori, non in Rubrum litus Indicumve merces petitas, quam sedulum ruris larem, oder 34, 156: cassiterum fabulose narratum in insulas Atlantici maris peti vitilibusque navigiis advehi. Man fasse es: einer Sache nachgehen bis da und dahin.

***) Ein zweiter, jüngerer Osthanes, ebenfalls Magier, Begleiter Alexanders des Grossen, wird von Plin. 30, 11 erwähnt. Weiteres über den „grossen Osthanes" bei Dilthey, Rhein. Mus. Neue Folge, Band 27, Seite 386 f. und besonders K o p p, Beiträge S. 407—411. Die Schreibung wechselt zwischen Ὀσθάνης und Ὀστάνης.

selben: Ut narravit Osthanes, species magices plures sunt. Namque et aqua et sphaeris (siehe unten) et stellis et lucernis ac pelvibus securibusque et multis aliis modis divina promittit, praeterea umbrarum inferorumque colloquia. Es sind das lauter Arten die Zukunft zu erforschen, wenn auch minder gewöhnliche, also Unterarten der Mantik oder Divination, welche demnach hier auch zur Magie gerechnet werden *). Was Plinius 28, 69. 256. 261. gelegentlich von magischen Mitteln des Osthanes berichtet, ist ganz gleichwertig dem, was er aus den Schriften des Demokrit und Columella aus dem Sympathiebuch derselben anführt. Dass er das Verzehren gewisser Teile des menschlichen Körpers als Heilmittel empfohlen haben soll (28, 5 ff.), ist bereits erwähnt **).

Zweimal, 28, 5 ff. und 30, 8 ff. wird Demokrit von Plinius und ebenso von Tatian a. a. O. c. 17 (ὁ τὸν μάγον Ὀστάνην καγχώμενος) mit Osthanes zusammen genannt, ohne jedoch bestimmt als sein unmittelbarer Schüler bezeichnet zu werden, wie dies später geschieht bei Synesius, Scholia in Democriti librum, und in der Chronographie des Georgios Synkellos, wornach Demokrit zu Memphis in Ägypten von dem grossen Osthanes, der von dem damaligen Perserkönige dorthin geschickt war, in seine Geheimnisse eingeweiht worden sei. Dagegen werden, wie wir gesehen, von Plinius als Hauptgewährsmänner für Demokrit in seinen magischen Schriften angeführt der Ägypter Apollobex oder Apollobeches und der Phönizier Dardanus. Der letztere wird sonst auch als Magier genannt — siehe die Stellen bei Dilthey — und ein magisches Rezept von ihm findet sich in einem Pariser Zauberpapyrus, wo es heisst: ξίφος Δαρδάνου · πρᾶξις ἢ καλουμένη ξίφος; der erstere ist neuerdings in einem Leydener Zauberpapyrus zum Vorschein gekommen, wo bei einem ὀνειροπομπός, d. h. bei einer Vorschrift, um jemanden beliebige Träume zuzusenden, beigesetzt ist: τούτῳ καὶ Ἀπολλώβηξ ἐχρᾶτο ***).

Zu den magischen Schriften des Demokrit rechnet Plinius in erster Linie jenes schon erwähnte volumen de effectu herbarum, Nat. Hist. 25, 13: Zuerst habe Pythagoras ein solches Buch über die Wirkung der Kräuter geschrieben, dann auch Demokrit, beide nachdem sie bei den Magiern Persiens, Arabiens, Äthiopiens umherge-

---

*) Damit stimmt Ammianus Marc. 23, 6, 32: Magiae saeculis priscis multa ex Chaldaeorum arcanis Bactrianus addidit Zoroastres, deinde Hystaspes, rex prudentissimus, pater Darei. Qui cum superioris Indiae secreta fidentius penetraret, ad nemorosam quandam venerat solitudinem, cuius tranquillis silentiis Praecelsa Brachmanorum ingenia potiuntur, eorumque monitu rationes mundani motus et siderum purosque sacrorum ritus, quantum colligere potuit, eruditus, ex his, quae didicit, aliqua sensibus Magorum infudit, quae illi cum disciplinis praesentiendi futura per suam quisque progeniem posteris aetatibus tradunt.

**) Alex. v. Tralles (ed. Puschmann) περὶ ἐπιληψίας bemerkt: Ὀστάνης δὲ φησι κορδύλιον καὶ γλουσαίδην (Päonia) καὶ στρύχνον (Solanum) ῥίζαν ἀναλόμενος σελήνης μειούσης ἐνθήσας εἰς ὀθόνιον Ἰρίνον περίαπτε.

***) Siehe Dieterich, Papyrus magica musei Lugdunensis Batavi etc. in den Jahrbüchern für classische Philologie, Supplementband 16, pag. 753. Hiermit ist die Lesart Apollobechen, welche Sillig und Detlefsen allerhand Änderungsversuchen gegenüber festgehalten haben, gerechtfertigt.

wandert, und das Alterrum habe sich so dadurch verblüffen lassen, dass es auch das Unglaubliche für wahr angenommen habe. § 14 folgt dann, was Demokrit von der Springwurzel erzähle; da diese 26, 18 mitten unter den magicae herbae der Cheirokmeta erscheint, so ist es wohl möglich, dass das volumen de effectu herbarum nur ein Teil von jenen war.

Die Cheirokmeta selbst aber werden von Plinius ausdrücklich als Bücher magischen Inhalts bezeichnet. Zum Beweise genügen 24, 156 ff. In promisso herbarum mirabilium occurrit aliqua dicere et de magicis; quae enim mirabiliores? Primi eos in nostro orbe celebravere Pythagoras atque Democritus, consectati Magos. Nachdem er einige Angaben aus dem Buche dieses Pythagoras gemacht und die Ansicht derer bekämpft hat, welche dieses volumen als Fälschung eines Arztes Cleemporus bezeichneten, fährt er § 160 fort: Democriti certe chirocmeta esse constat. At ille post Pythagoram Magorum studiosissimus quanto portentosiora tradit, worauf die schon genannten 14 Wunderkräuter folgen. Nachdem er noch einige magische Kräuter aufgeführt, welche Demokrits „assectator" Apollodor und Crateuas erwähnen, bemerkt er zum Schlusse, § 167: Et abunde sit hactenus attigisse insignia Magorum in herbis, alia de his aptiore dicturis loco. Offenbar weist Plinius dem Demokrit eine ganz hervorragende Stelle unter den von ihm als Magi bezeichneten Schriftstellern an.

Ob er das volumen de chamaeleone auch zu den magischen Schriften gerechnet hat — der Inhalt ist in seiner Art von dem der Cheirokmeta offenbar nicht wesentlich verschieden — lässt sich nicht bestimmen, dagegen lässt sich das für das Sympathiebuch sehr wahrscheinlich machen. Es wird nämlich dasselbe Mittel gegen Raupen, welches Columella 11, 3, 64 aus dem Buch des Demokrit περὶ ἀντιπαθῶν anführt, im 10ten Buche, Vers 357 als artes Dardaniae bezeichnet, also als ein Rezept des Magiers Dardanus, welchen Plinius 30, 9 als Hauptgewährsmann des Demokrit für die Cheirokmeta anführt. Dazu stimmt, dass umgekehrt vieles von dem, was Plinius aus den Cheirokmeta mitteilt, ferner von dem, was er als Lehre der Magier bezeichnet, in dem fragmentum Democriti περὶ συμπ. καὶ ἀντιπ., in dem des Nepualius und sonst ausdrücklich unter den sympathetischen Mitteln sich überliefert findet. Das alles zeugt für die enge, fast unlösliche Verbindung von Sympathie und Magie.

Dem Magier Demokrit gehört auch an die Σφαῖρα Δημοκρίτου, welche in dem zuerst von C. Leemans, nachher von A. Dieterich veröffentlichten Zauberpapyrus des Leydener Museums Nro. J. 384 vorkommt: eine Zahlentafel, um für Kranke ein προγνωστικὸν ζωῆς καὶ θανάτον zu gewinnen *).

---

*) Die Frage nach den ὑπομνήματα ἠθικά Demokrits, welche bei Diog. Laert. IX, 45 ff. und besonders 48 und 49 erwähnt werden, wie auch die Vulgata bei Columella 7, 5, 17 statt χειρόμακτρα liest,

Das Bild von der grossartigen Fälscherthätigkeit, welche den Namen des Abderiten missbrauchte, wäre unvollständig, wenn wir nicht auch noch den Alchemisten Demokritos hier erwähnten, welcher regelmässig in den Verzeichnissen der alchemistischen Autoritäten erscheint, z. B. in der sog. Altenburger oder Gothaer Handschrift, wo es heisst (Kopp a. a. O. S. 349): Γίνωσκε, ὦ φίλε, καὶ τὰ ὀνόματα τῶν ποιητῶν*). Πλάτων. Ἀριστοτέλης. Ἑρμῆς. Ἰωάννης ἱερεύς. Δημόκριτος. Ζώσιμος. Ὁ μέγας Ὀλυμπιόδωρος. Στέφανος ὁ φιλόσοφος. Σοφὰρ ὁ ἐν Ἱερψίδι. Συνέσιος. Διόσκορος ὁ ἱερεὺς τοῦ μεγάλου Σεράπιδος τοῦ ἐν Ἀλεξανδρείᾳ. Ὁ Ὀστάνης ἀπ' Αἰγύπτου. Ἡ Μαρία καὶ ἡ Κλεοπάτρα ἡ γυνὴ Πτολεμαίου τοῦ βασιλέως κ. τ. λ. Οὗτοί εἰσιν οἱ πανεύφημοι καὶ οἰκουμενικοὶ διδάσκαλοι καὶ νέοι ἐξήγηται τοῦ Πλάτωνος καὶ Ἀριστοτέλους. In einer alchemistischen Schrift περὶ θείου ὕδατος λευκώσεως, „Vom göttlichen Wasser der Weissmachung" werden als Urheber und Begründer der Alchemie Hermes Trismegistos, der Oberpriester Johannes, Demokritos und Zosimos genannt. Die alchemistische Hauptschrift, welche dem Demokritos zugeschrieben wird, trägt den Titel Φυσικὰ καὶ Μυστικά, daneben findet man in den Verzeichnissen von alchemistischen Manuskripten verschiedener Bibliotheken, welche Kopp zusammengestellt hat, noch genannt Δημοκρίτου περὶ ἀσήμου ποιήσεως; λόγος Δημοκρίτου φιλοσόφου und Δημοκρίτου βίβλος ἐπικροσφωνηθεῖσα Λευκίππῳ. Aus den Φυσικὰ καὶ Μυστικά hat sich ein Bruchstück erhalten, welches, obwohl in einer grossen Zahl von Handschriften, auch auf deutschen Bibliotheken, vorhanden, erst in allerneuester Zeit von Berthelot in seiner Collection des anciens alchemistes grecs veröffentlicht wurde, früher nur in einer lateinischen Übersetzung des Domenico Pizimenti, Patavii 1573 bekannt war; auch diese Übersetzung war so selten geworden, dass sie Kopp in seinen Beiträgen S. 137—143 wieder abdrucken liess.

Längst gedruckt dagegen ist der Kommentar eines gewissen Synesios zu diesen Φυσικὰ καὶ Μυστικά in Fabric. Bibl. Gr. Hamburg 1717: Synesii philosophi, ad Dioscorum, in librum Democriti Scholia. (Συνεσίου τοῦ φιλοσόφου πρὸς Διόσκορον εἰς βιβλίον Δημοκρίτου, ὡς ἐν σχολίοις.) In diesem Kommentar VIII, 233 heisst es: Δημόκριτος ἐλθὼν ἀπὸ Ἀβδήρας, φυσικὸς ὢν καὶ πάντα τὰ φυσικὰ ἐρευνήσας καὶ συγγραψάμενος τὰ ὄντα κατὰ

---

mag dahingestellt bleiben bei der Unsicherheit sämtlicher Hypothesen (siehe Susemihl a. a. O. I S. 484); ebenso bleibt fraglich, ob in den argumenta divinationum, welche Plinius 37, 160 erwähnt: „Erotylos (der Stein) sive amphicomos sive hieromnemon Democrito laudatur in argumentis divinationum," was sich kaum anders fassen lässt, denn als Beispiele eingetroffener Weissagungen, wir es mit einer besonderen Schrift zu thun haben, oder mit einem Teil der Cheirokmeta oder sonst einer magischen Schrift, wo ja nach den oben angeführten Stellen aus Plinius (30, 14) und Ammianus auch die verschiedenen Arten der Mantik ihren Platz fanden.

*) Unter ποιηταί sind hier natürlich nicht Dichter, sondern die Lehrer „der grossen und heiligen Kunst," der χυμευτική oder χρυσοποιΐα, zu verstehen.

ρύσιν. Ἀβδηρα δὲ ἐστι πόλις Θράκης · ἐγένετο δὲ ὁ ἀνὴρ λογιώτατος, ἐς ἐλθὼν ἐν τῷ (!) Αἰγύπτῳ ἐμυσταγωγήθη παρὰ τοῦ μεγάλου Ὀστάνου ἐν τῷ ἱερῷ τῆς Μέμφεως σὺν πᾶσι τοῖς ἱερεῦσιν Αἰγύπτου. Ἐκ τούτου λαβὼν ἀφορμὴν συνεγράψατο βίβλους τέσσαρας περὶ χρυσοῦ καὶ ἀργύρου καὶ λίθων καὶ πορφύρας. Man vergleiche damit, was in der aus dem 9ten Jahrhundert stammenden Chronographie des Georgios Synkellos zu lesen ist (Georgius Syncellus ex recens. Gu. Dindorf. 1829. Vol. I, pag. 248): Δημόκριτος Ἀβδηρίτης φυσικὸς φιλόσοφος ἤκμαζεν. ἐν Αἰγύπτῳ μυηθεὶς ὑπὸ Ὀστάνου τοῦ Μήδου σταλέντος ἐν Αἰγύπτῳ [Dittographie?] παρὰ τῶν τηνικαῦτα βασιλέων Ἱερῶν ἄρχειν τῶν ἐν Αἰγύπτῳ ἱερῶν, ἐν τῷ ἱερῷ τῆς Μέμφεως σὺν ἄλλοις ἱερεῦσι καὶ φιλοσόφοις, ἐν οἷς ἦν καὶ Μαρία τις Ἑβραία σοφὴ καὶ Παμμένης, συνέγραψε περὶ χρυσοῦ καὶ ἀργυρίου καὶ λίθων καὶ πορφύρας λοξῶς · ὁμοίως δὲ καὶ Μαρία. ἀλλ' οὗτοι μὲν Δημόκριτος καὶ Μαρία ἐπηνέθησαν παρὰ Ὀστάνου, ὡς πολλοῖς καὶ σοφοῖς αἰνίγμασι κρύψαντες τὴν τέχνην, Παμμένους δὲ κατέγνωσαν ἀφθόνως γράψαντος. In diesen beiden Stellen wird also der Verfasser der Φυσικά καὶ Μυστικά ausdrücklich als der Abderite und als unmittelbarer Schüler des Osthanes bezeichnet.

Kopp (S. 128. Anm. 48) nimmt an, dass der Kommentar des Synesios im vierten Jahrhundert abgefasst sei, hinsichtlich der Abfassung der Φυσικά καὶ Μυστικά selbst kommt er (ebendas. S. 127 f.) zu folgendem Resultat: „Die Schrift gehört mit höchster Wahrscheinlichkeit zu den ältesten der uns erhaltenen alchemistischen Schriften, wenn sie nicht geradezu als die älteste unter denselben bezeichnet werden darf. Sie stand schon frühe, wahrscheinlich vom 4ten Jahrhundert an, in ungemeinem Ansehen, sie wurde während eines längeren Zeitraums wiederholt kommentiert; von der frühesten Zeit an, aus welcher eine alchemistische Litteratur uns vorliegt, finden wir sie zitiert, und in das 4te Jahrhundert, wenn nicht in ein früheres, ist ihre Abfassung zu setzen." Indessen wird es in hohem Grade wahrscheinlich, dass auch die Φυσικά καὶ Μυστικά ungefähr der gleichen Zeit und dem gleichen Boden, wie die andern Fälschungen, entstammen auf Grund einer von Kopp ohne Zweifel übersehenen Stelle des Seneka, Epist. Mor. 90, 33: excidit vobis Democritum invenisse, quemadmodum ebur molliretur, quemadmodum decoctus calculus in zmaragdum converteretur, qua hodieque coctura inventi lapides coctiles colorantur. Es handelt sich hier um Herstellung künstlicher Smaragde durch Schmelzung aus geringwertigen Steinen und um die Färbung künstlicher Edelsteine; wenn nun Synesios und Synkellos angeben, Demokrit habe 4 Bücher περὶ χρυσοῦ καὶ ἀργύρου καὶ λίθων καὶ πορφύρας geschrieben, und wenn das erhaltene Fragment Φυσικά καὶ Μυστικά Anweisung giebt zur Purpurfärberei sowie zur künstlichen Verwandlung unedler Metalle in Gold und Silber, so drängt sich der Schluss auf, dass in dem Buch περὶ λίθων ähnliche Anweisungen gegeben wurden, um geringwertige Steine in Edelsteine umzuschmelzen; dass also Seneka diese pseudodemokriteische Schrift, oder jedenfalls eine ähnliche, auf den Namen Demokrits umgehende, an der angezogenen Stelle im Auge hatte. Wenn dem aber so ist, so stammt diese Schrift ohne Zweifel auch aus der alexandrinischen Zeit und aus Ägypten, wohin ohnedem die ältesten Spuren der Alchemie führen.

Es liegt also eine ebenso umfang- wie einflussreiche pseudodemokriteische Litteratur abergläubischen Inhalts vor: Das Georgikon, περὶ συμπαθειῶν καὶ ἀντιπαθειῶν, die Χειρόκμητα (ὑπομνήματα?), das Buch vom Chamäleon, das Buch von der Wirkung der Kräuter, die Σφαῖρα Δημοκρίτου und endlich die Φυσικά καὶ Μυστικά nebst den andern alchemistischen Traktaten*).

Unter diesen werden ausdrücklich die Χειρόκμητα von Columella als Fälschung des Bolos von Mendes bezeichnet; dass das Sympathiebuch ein Machwerk desselben war, kann nach der Suidasstelle und dem Nikanderscholion keinem Zweifel unterliegen; über das Georgikon siehe oben S. 14 f. Von wem die andern Fälschungen herrühren, lässt sich nicht bestimmen; alle dem Bolos zur Last zu legen, verbietet der Wortlaut bei Gellius, der von mehreren Fälschern spricht**); das Fragment aus den Φυσικά καὶ Μυστικά rührt offenbar von einem zünftigen Alchemisten her.

Die an und für sich schon schwierige Frage ist noch verwickelter geworden durch die von Rose de Aristotelis librorum ordine et auctoritate (pag. 8) aufgestellte, von Lortzing über die ethischen Fragmente Demokrits (S. 6) und von Susemihl I, 483 aufgenommene Hypothese, auch Bolos sei nicht der Verfasser jener Pseudodemokritea, sondern nur ein erdichteter Vorläufer des Pseudodemokritos. Hiefür spreche, sagt Susemihl, entschieden die Thatsache, dass wirklich dem Demokritos ähnliche Vorläufer gegeben wurden, der Phönikier Mochos, unter dessen Namen aus echten Schriften des Demokritos ein Buch gefälscht war, aus welchem dieser die Atomenlehre entlehnt haben sollte, ferner der Babylonier Akikaros***), der Kopte Allobeches†) und der Phönikier Dardanos. Aber dass die Fälschung auf den Namen des Mochos ganz anders geartet ist, als die hier in Frage stehenden, bedarf keines Nachweises; die Stele des Akikaros steht im gleichen Verhältnis zu Pseudodemokrit, wie die Bücher aus dem Grabe des Dardanus; das Verhältnis des Apollobex und Dardanus zu den Cheirokmeta geht aus den Stellen

---

*) Erwähnt sei noch, dass der Afrikaner Caelius Aurelianus, welcher unter Hadrian schrieb, Schriften des Demokritos de elephantiacis und de morbis convulsivis zitiert, und dass in einer nicht herausgegebenen grossen medizinischen Kompilation aus byzantinischer Zeit, welche der cod. Vaticanus gr. Nro. 299 enthält, ca. 14 kurze Abhandlungen sich finden auf den Namen Demokrits, mit Titeln wie Δημοκρίτου περὶ ὀφθαλμῶν; Ἀβδηρίτου περὶ ὀφθαλμῶν φλεγμονῆς; Δ. πρὸς ῥεῦμα ὀφθαλμῶν u. s. w.; meist über Augenkrankheiten, doch auch über Entzündung des Zäpfchens und Erbrechen. (E. Rohde. Rhein. Mus. N. Folge. Bd. 28, S. 266 f.)

**) Multa videntur ab hominibus istis male sollertibus huiuscemodi commenta in Democriti nomen data, nobilitatis auctoritatisque cuius perfugio utentibus.

***) Clem. Strom. I, 303, D. Δημόκριτος τοὺς Βαβυλωνίους λόγους ἠθικοὺς πεποίηται· λέγεται γάρ τὴν Ἀκικάρου στήλην ἑρμηνευθεῖσαν ταῖς ἰδίοις συντάξαι συγγράμμασι.

†) Sollte heissen: Apollobeches aus der Stadt Koptos bei Memphis.

bei Plinius klar hervor: Da Demokrit, wie Pythagoras und andere nach der landläufigen Sage geheime Weisheit aus dem Orient und Ägypten geholt hatten, so hat der Fälscher anerkannte Magier, wie den Dardanus und den jetzt auch in jenem Leydener Zauberpapyrus belegten Apollobex als seine Gewährsmänner oder Lehrer eingeführt, geradeso, wie in den Φυσικά καὶ Μυστικά ein Lehrer Demokrits für die Alchemie — ohne Zweifel der Magier κατ' ἐξοχήν, Osthanes — eingeführt wurde. Als Magier erscheint aber Bolos nirgends, sondern als Mirabilienschreiber. Oder was hätte dann Plinius für einen Grund gehabt, ihn a. a. Orte nicht auch zu nennen, wie den Dardanus und Apollobex? Ferner, wenn dieser Bolos nur ein erdichteter Vorläufer des Pseudodemokrit war, was soll dann aus dem Βῶλος Δημοκρίτειος bezw. Ποθαγόρειος des Suidas und aus dem Βῶλος des Galenos werden, dem Verfasser eines Giftbuches*) und der θαυμάτια, welch letztere Susemihl selbst II, S. 674 mit Diels als Quelle der θαυμάσιαι ἱστορίαι des Apollonios anerkennt? Oder sollten auch die θαυμάτια eine Fälschung auf den Namen des Bolos sein? Es kommen allerdings auch pseudepigraphe Mirabilien vor; aber die laufen auf den Namen von Autoritäten wie Aristoteles und Theopomp**).

Man wird also diese Hypothese von einem Pseudobolos fallen lassen und zu der alten einfachen Annahme zurückkehren müssen, dass Bolos wirklich einer der Verfasser falscher Bücher auf den Namen Demokrits gewesen sei. Die Wahrheit brach sich im Laufe der Zeit, trotz Plinius, mehr und mehr Bahn, wie dies teils Columella, Gellius, der Scholiast des Nikander und Suidas zeigen, teils die Art und Weise, wie Demokrit sonst z. B. von Lucian***) als unbestechlicher Feind alles Aberglaubens dem abergläubischen Treiben der späteren Pythagoreer und Stoiker gegenübergestellt wird; nur die landwirtschaftliche Litteratur hält hartnäckig an Pseudodemokrit wie an anderen Zaubernamen fest. Für den tiefgreifenden Einfluss dieser pseudodemokriteischen Litteratur spricht aber der eigentümliche Umstand, auf welchen auch schon Meyer Gesch. der Bot. I, S. 279 hingewiesen hat, dass Bolos, der die Welt lange Zeit als verkappter Demokritos täuschte, nachdem seine Fälschungen entdeckt waren, das seltene Glück hatte, bei der Nachwelt unter eigenem Namen, mit dem Zusatz Δημοκρίτειος, grossen Ruhm zu erwerben. (Die Belege siehe ebendaselbst.)

Es bleibt nun noch die Frage nach der Entstehungszeit dieser Pseudodemokritea zu beantworten. Dass die meisten derselben in Ägypten und abgesehen

---

*) Galeni Opera ed. Kuehn XIV, pag. 144, wo statt Ἄρος ὁ Μινδήσιος Βῶλος zu lesen ist.
**) Siehe Westermanns Paradoxographi, praef. pag. LII.
***) Lucian, Alex. s. Pseudomantis c. 17: πάνυ τὸ μηχάνημα ἐδεῖτο Δημοκρίτου τινός — ἤ τινος ἄλλου ἀδαμαντίνην πρὸς ταῦτα καὶ τὰ τοιαῦτα γνώμην ἔχοντος, ὡς ἀπιστήσαι καὶ, ὅπερ ἦν, εἰκάσαι, ibid. cap. 50. Philopseudes c. 32 und die Schlussworte de Morte Peregrini c. 45: τὶ οὐ; δοκεῖ ὁ Δημόκριτος εἰ ταῦτα εἶδε; κατ'ἀξίαν γελάσαι ἂν ἐπὶ τῷ ἀνδρί.

von den alchemistischen, noch in der alexandrinischen Periode geschrieben worden sind, bestreiten selbst diejenigen nicht, welche einen „Pseudobolos" annehmen. Den Bolos selbst setzte E. Meyer a. a. O. S. 275 und 281 f. in die Zeit des Ptolemäos VII Physkon, der 145—116 regierte und selbst ὑπομνήματα d. h. Denkwürdigkeiten schrieb, freilich mit unzureichenden Gründen. Der Versuch, aus Plin. N. H. 24, 167: adiecit his (d. h. den in den Cheirokmeta des Demokrit genannten magischen Kräutern) Apollodorus, assectator eius, herbam aeschynomenen, — Crateuas oenotherin etc., eine chronologische Reihenfolge und ein Schülerverhältnis zwischen Bolos und Apollodor und zwischen diesem und Krateuas, welcher Zeitgenosse von Mithridates und Pompejus war, zu konstruieren, wird schon dadurch hinfällig, dass ja Plinius an die Abfassung der Cheirokmeta durch den Abderiten glaubt. Von der Stelle bei Stephanos*) s. v. Ἄψινθος giebt er selbst zu, dass mit fast gleichem Recht die einen den Bolos für den Schüler des Theophrast, die anderen umgekehrt den Theophrast für den Schüler des Bolos erklärt haben.

Vielleicht gelingt es uns aber, auf einem andern Wege einen Anhaltspunkt für die Zeit des Bolos zu gewinnen. Es hat nämlich Otto Keller**) den Anfang der Historiae Mirabiles des Paradoxographen Apollonios durch richtige Interpunktion als Exzerpt aus Bolos gekennzeichnet, und Diels hat darauf hin die 6 ersten Kapitel, welche die Wundermänner Epimenides, Aristeas, Hermotimos, Abaris, Pherekydes und Pythagoras behandeln, der bei Suidas erwähnten Schrift des Bolos περὶ τῶν ἐκ τῆς ἀναγνώσεως τῶν ἱστοριῶν εἰς ἐπίστασιν ἡμᾶς ἀγόντων zugewiesen. Wenn sich nun ferner bestätigen sollte, was Susemihl a. a. O. II, S. 683 im Anschluss an eine Abhandlung von E. Fabricius über die Abfassungszeit der Städtebilder des Herakleides als wahrscheinlich ausführt, dass die Quellen des Apollonios nicht über das Ende des dritten Jahrhunderts herabgehen, so würde zweierlei sich daraus ergeben, erstlich dass auch die Schriftstellerei des Bolos noch in das dritte vorchristliche Jahrhundert zu setzen wäre, und zweitens, dass, wenn Bolos wirklich die von Apollonios benutzte Schrift unter dem Namen des Demokritos in die Welt geschickt hätte, der Betrug sehr rasch entdeckt und die Autorschaft des Bolos allgemein bekannt worden sein müsste. Die lakonische Art, wie Bolos von Apollonios zitiert wird, macht jedoch den Eindruck, als handle es sich um das Zitat eines bereits bekannten Schriftstellers, und es liegt kein zwingender Grund vor, weshalb Bolos auch seine Samm-

---

*) Ἄψινθος. ἔστι δὲ καὶ εἶδος φυτοῦ, περὶ οὗ Βῶλος ὁ Δημοκρίττιος, ὅτι Θεόφραστος ἐν τῷ περὶ φυτῶν ἐνάτῳ, τὰ πρόβατα τὰ ἐν τῷ Πόντῳ τὸ ἀψίνθιον νερόμενα οὐκ ἔχει χολήν. A. Meineke hat in seiner Ausgabe (Stephani Byzantii Ethnica Berl. 1849) hinter Δημοκρίττιος ein Kolon gesetzt, mit der Bemerkung: Bolus teste Theophrasto uti non potuit.

**) Rerum Naturalium scriptores Graeci minores. Leipzig 1877, pag. 13: Βῶλοο· Ἐπιμενίδης Κρὴς λέγεται etc.

5

lung von Lesefrüchten und die ϑαυμάσια unter dem Namen des Demokrit herausgegeben haben sollte.

Auf eine noch erheblich frühere Abfassungszeit kommt Oder a. a. O. S. 73 f. mit Benutzung, bezw. Abänderung von Suidas s. v. Καλλίμαχος, wo von diesem ein πίναξ τῶν Δημοκρίτου γλωσσῶν καὶ συνταγμάτων erwähnt wird. Oder folgert hieraus, indem er mit Hecker comm. Callim. πίναξ τῶν Δημοκρίτου καὶ γλωσσῶν σύνταγμα liest, dass Kallimachos eben durch das Vorhandensein von Fälschungen auf den Namen Demokrits veranlasst worden sei, ein Verzeichnis seiner echten Schriften zu verlassen, und dass er es gewesen, der den Bolos entlarvte. Wenn Kallimachos, wie man gewöhnlich annimmt, von Zenodots Tod (245) bis zu seinem eigenen (ungefähr 235) als Vorstand der Bibliothek seine Πίνακες verfasste, so müssen die Fälschungen des Bolos vor die Mitte des dritten Jahrhunderts fallen*).

Diese frühe Ansetzung des Bolos begegnet freilich wieder einer gewissen Schwierigkeit in anderer Richtung. Mag man nämlich die Mirabilienlitteratur erst durch Kallimachos recht eigentlich in Leben gerufen sein oder sie noch etwas früher beginnen lassen, so kann doch gerade derjenige Zweig desselben, welcher sich mit den Sympathien und Antipathien befasste, nicht ohne stoische Einwirkung entstanden sein, nach dem was oben S. 8 ff. ausgeführt worden ist Unwiderleglich spricht hiefür meines Erachtens auch die Übereinstimmung dessen, was Cicero de Div. II, 33 über den Inhalt der stoischen Sammlungen von Sympathien angiebt, mit dem, was wir oben S. 18 ff. aus Plin. N. H. 20, 1 ff. als Inhalt von Demokritos bezw. Bolos περὶ συμπ. ermittelt haben. Nun wissen wir aus Athenäos und Diog. Laert., dass ein Ptolemäer (Philadelphos, 285—247, oder Euergetes, 247—221; siehe Zeller a. a. O. III, 1, S. 38 f.) den Stoiker Kleanthes einlud, zu ihm nach Ägypten zu kommen, oder ihm einen seiner Schüler zu schicken, worauf er, da Chrysippos ablehnte, den Sphaeros von Bosporos hinsendete. Da Zeno ca. 270, Kleanthes, sein Nachfolger auf dem Lehrstuhle, nach Diog. La. 251 im achtzigsten, nach anderer, minder beglaubigter, Angabe, 232 im neunundneunzigsten Lebensjahre starb, Chrysippos dagegen, welchen Kleanthes in erster Linie senden wollte, zwischen 281 und 276 geboren war, so wäre der erste Stoiker jedenfalls nicht vor 260, möglicherweise erst ganz gegen Ende der Lebenszeit des Kallimachos nach Alexandrien gekommen. Es ist nun allerdings wohl denkbar, dass die Vorträge dieses Stoikers, von welchem Diogenes VII, 178 u. a. eine Schrift περὶ μαντικῆς erwähnt, sehr rasch auf die damals in üppigem Aufblühen begriffene Mirabilienlitteratur Einfluss ausübten. Aber doch will ein Zeitraum von höchstens 20—25 Jahren (260—235) etwas eng erscheinen für alles, was sich bei der

---

*) Keinen Glauben verdient die Angabe des Tzetzes, dass Kalimachos die πίνακες schon als πανίσκος geschrieben habe; siehe über diese Frage Susemihl I, S. 340 ff. und Anm. 68 mit den Nachträgen.

Annahme Oders in denselben zusammendrängt: das erste Auftreten der stoischen Lehre in Alexandrien, die Abfassung des Sympathiebuchs des Bolos, die weite Verbreitung der pseudodemokriteischen Litteratur und die Entlarvung derselben durch Kallimachos.

Das Ergebnis aus dem bisherigen ist also folgendes: Das älteste Sympathiebuch, von dessen Titel und Inhalt wir Kunde besitzen, ist in Ägypten, noch in der alexandrinischen Zeit, und zwar schon ziemlich frühe, möglicherweise noch im dritten Jahrhundert, von einem Bolos von Mendes verfasst und unter dem Titel \ηµοκρίτου περί συµπαθειών καὶ ἀντικαθειών herausgegeben worden; dieses Buch hat im Altertum bis auf die spätesten Zeiten herab als Hauptwerk über diesen Gegenstand gegolten und wird fort und fort, wenn auch nicht immer direkt, zitiert [*]).

2.
Die noch erhaltenen Schriften über Sympathie.
a.
Das sog. Fragmentum Democriti περί συµκαθειών καὶ ἀντικαθειών.

Es fragt sich nun, ob in dem unter dieser Bezeichnung erhaltenen Fragmente wirklich ein Teil, und zwar der Anfang, jenes Sympathiebuchs vorliegt.

Die kleine Schrift wurde zusammen mit einer ähnlichen, Νικουαλίου [**]) περί τών κατὰ ἀντικάθειαν καὶ συµκάθειαν betitelten, erstmals von Fabricius in seiner Biblioth. Gr. IV (Hamburg 1711) p. 295—363 herausgegeben, nebst Noten von Joh. Rendtorf. Den griechischen Text erhielt er von dem Leipziger Senator und Bibliothekar Godofredus Christianus Goezius, der in Italien, unbekannt wo, eine freilich sehr mangelhafte Abschrift genommen hatte. Aufs neue wurden die beiden Traktate herausgegeben von W. Gemoll im Programm des Realprogymnasiums zu Striegau, 1884, aus einem Codex der Ambrosiana in Mailand, R 111, nach einer Collation von Maximilian Treu [***]). Auch nach dieser Ausgabe bleibt noch vieles unsicher, namentlich befindet sich die Einleitung des Demokritfragments in einem traurigen Zustand. E. Rohde hat jedoch schon 1873 in seiner oben angeführten Abhandlung über Aelius Promotus im Rhein. Museum, Neue Folge, Band 28, S. 267, nachgewiesen, dass wir den von Gözius abgeschriebenen Text ohne Zweifel in Nr. 299 der griechischen Codices in der Vaticana haben, und dass eine direkte Abschrift

---

[*]) Die Nachweise bei E. H. F. Meyer und bei Oder a. a. O.

[**]) Fabricius setzt dafür 'Ανατολίου, wovon unten.

[***]) Nepualii fragmentum περί τών κατὰ ἀντικάθειαν καὶ συµκάθειαν et Democriti περί συµκαθειών καὶ ἀντικαθειών recensuit, adnotationes et prolegomena adiecit Guilelmus Gemoll.

davon, der Ambrosianus S 3, ebenfalls Nepualios und Demokritos enthält. „Übrigens
soll, fügt Rohde hinzu, nach Mai Spicileg. Rom. V pag. 248 die Schrift des Nepualius
sich auch im Ambrosianus R 111 b, und in einem der codices Allatiani der Bibl. Valli-
celliana zu Rom (bei Chiesa nuova) finden." Nur diesen letzteren Ambrosianus hat Treu
verglichen; es ist somit die Möglichkeit nicht ausgeschlossen, dass wir noch einen besseren
Text bekommen.

Das sog. Demokritosfragment besteht aus einer grossenteils stark verderbten,
jonisierenden Einleitung und 51, meist ganz kurz gefassten, Paragraphen — nach der
Einteilung Gemolls — in gewöhnlichem Griechisch, welche je ein, selten zwei Beispiele
enthalten, unterbrochen von einigen sonderbaren Zwischenbemerkungen, ebenfalls vielfach
verderbt. Die Einleitung ist an einen κράτιστος καὶ μέγιστος αὐτοκράτωρ gerichtet*), und
trägt dasselbe Wichtigthun zur Schau, wie gewöhnlich die Einleitungen zu alchemistischen
und Zaubertraktaten. So verderbt der Text ist, mögen doch hier diejenigen Sätze daraus
eine Stelle finden, welche wenigstens einigermassen verständlich sind und die Absicht und
die Ausdrucksweise des Machwerks erkennen lassen:

Ἔναγχος ἐμόχθιον ἐμνωνήσας τῆς φύσεως τὸ δῶρον καὶ τὴν ἐπεσκοπησμένην ἀναπτύξας
τηλαυγέσι τεκμηρίοισι . . . . . ἐγκρύψας πρήγματα πρὸς τὴν τῶν πέλας ὠφελίην καρπὸν
ἀποβόσεσθαι πρὸς τὴν τῆς πολυμαθίης ἀποχήν (?). Ἡ τε γῆ, παμμήτωρ οὖσα, ποικίλων
ἀνεθρέψατο καρπῶν ἔρνος . . . . Ὁκόσα ἡ γῆ, ὧν ἔστι ἐγγεννήσασα ἢ λίμναις συγκατατήξασα
ἐν ψύχεσιν, ὁκόων τε ἐν ἁλίηι Ἐκιοῦθε τὰ βυθοῦ, ταῦτα εἰς ἐμὴν ἔμολε πειρίην (ἐμολ' ἐμπει-
ρίην?), ἄγνωστα μὲν εἰς γνῶσιν καὶ πολυπειρίην, ἀγαθὰ δὲ εἰς ὠφελίην πάσης
ἀπεσκοτισμένα φλυαριῶν ὑποφάας. Ἵνα δὲ φυτεύσω ταῖς σαῖς ἀκοαῖς, κράτιστε καὶ μέγιστε
αὐτοκράτορ, ἃ ἄγα πάσης κηλίδος ἀναγέγραπται, ἐξέταζε τὸν νόον τῆς φύσεως καὶ τὴν κατάλ-
ληλον αὐτῆς δύναμιν, ὁκόσαί τε ἐσπαργάνωται ἐπαρκέα λόγοισιν, ὁκόσα τι, τὰ πρὸς
ἄλληλα κέκτηται ἐυγγένειαν, γεγενημένα ὁμοστίχα ἀδιάπταιστον ἔχει τὴν τῆς ἐνεργείας
δύναμιν, ὁκόσα τε κατὰ ἀντιπάθειαν καὶ κατὰ ἀπόρροιαν ἐυμπαθεῖ ἢ ἀντιπαθεῖ,
καὶ ὁκόσα ἀναιτιολογήτως ἐπιτετήδευται τοῖς ἐμψύχοις, ποίαις τε ἕκαστον ἐμπειρίαις καὶ
τέχναις, τῷ φθόνῳ φερόμενον, τῇ πρὸς ἀνθρώπους ἐπιβουλίᾳ, τῇ πρὸς ἀλλήλοις ζηλίᾳ, ἀντί-
τονον ἐματαιοπλάτησιν ὁρμήν.

Die darauf folgenden Beispiele sind bunt durcheinander gemischt, sollen jedoch
durch ebenfalls wichtigthuende, aber wenig logische Zwischenbemerkungen in Gruppen
zerlegt werden. Die zwei ersten Beispiele geben die bekannten Fabeln vom verfolgten
Biber, der sich die Testikel abbeisst, und dem Adler, der den sog. Adlerstein aus dem

*) Ähnliche Widmungen an die Kaiser Oktavian, Tiberius, Trajan, Hadrian, Theodosius, Herak-
lius siehe bei Dieterich, Pap. Mag. pag. 758.

Neste wirft, um seine Jungen zu retten; die Paragraphen 3—7 enthalten Wetterzeichen an Tieren, dazwischen § 6 ein Geschichtchen von der sog. Rosswut, Hippomanes. Darauf bemerkt der Verfasser: καὶ ταῦτα μὲν ἐξ ἐπινοίας οἶσθα *), ἐκείνην τί τις εὕροι τὴν πρὸς ἄλληλα ἀντιπαθείην. Für diese gegenseitige Antipathie werden drei Beispiele gebracht, deren keines jedoch eine wirkliche Gegenseitigkeit aufweist, und dann mit den Worten καὶ ταῦτα ἀναιτιολόγητα ἡ φύσις ἐποίησε eine neue Gruppe, § 11—21, eingeleitet, von welchen fünf Mittel angeben, um feindliche Tiere bewegungslos zu machen, „Narkosen". Nach § 21 kommt ein neuer Übergang: ἵνα δὲ μὴ ἐπὶ τῶν αὐτῶν μένωμεν ὑποδειγμάτων, μέγιστε αὐτοκράτορ, τὸν τῆς ἀντιπαθείας ἐρευνήσωμεν λόγον. Obgleich also schon vor § 8 Antipathien angekündigt waren, und auch die §§ 11—21 mit Ausnahme von 17, 20 und 21 nur Antipathien geben, werden zur Abwechslung jetzt wieder Antipathien angeführt. Zwar scheinen die Worte des Verfassers eine Untersuchung über den λόγος ἀντιπαθείας zu versprechen, also worin die Antipathie bestehe, wie sie wirke und wie sie zu erklären sei, so wie es z. B. Plutarch Quaest. Natur. 26 thut; aber nachdem er mitgeteilt, dass ein Zweig vom Kornelkirschbaum den Panther verscheucht, dass wer sich mit Knoblauch und Löwenfett salbt, gegen jedes böse Tier gefeit ist, dass die Hyäne nicht über das Kraut Strychnos schreitet, und so fort bis § 40, erklärt er: ᾧ λόγῳ δὲ ταῦτα πέφυκεν ἀντιπαθέαν (ἀντιπαθέειν oder ἀντιπαθεῖν?), πρὸς ἀκρίβειαν οὐκ ἄν τις ἐκφράσειε, und thut damit die ganze angekündigte Untersuchung über den λόγος τῆς ἀντιπαθείας ab. Darnach bringt er § 41—45 einige harmlose Gewohnheiten von Tieren, dass z. B. die Eule nicht nistet, wo schon eine andere nistet, dass eine Kuh nicht zu schreien aufhört, wenn ihr Kalb am Altar geopfert wird, und am Ende § 46—51 wieder, wie schon am Anfang, Wetterzeichen an Tieren, unterbrochen von zwei Narkosen, § 47 und 50.

Dass dieses klägliche Machwerk nicht vom Abderiten verfasst sein kann, hat schon Rendtorf bei Fabricius bemerkt; aber ebenso bestimmt kann verneint werden, dass wir darin ein Bruchstück vom Sympathiebuch des Bolos vor uns haben. Schon die zweimalige Anrede αὐτοκράτορ zeigt, dass es nicht vor der Kaiserzeit entstanden sein kann. Der Titel Autokrator findet sich nach Eckhel Doct. Num. III, 230 ausser auf den Münzen eines Königs Tryphon von Syrien (Βασιλέως Τρύφωνος Αὐτοκράτορος) und eines Arsaciden, bei keinem der früheren oder späteren Könige. Wenn ferner auch nicht ausdrücklich überliefert ist, dass Bolos seine Pseudodemokritea in jonischem Dialekt geschrieben hat, so ist doch das sicher, dass ihn der Fälscher nicht bloss für die Einleitung angewendet hätte. Dazu kommt das grelle Missverhältnis zwischen der hochtrabenden, gespreizten

---

*) So liest Gemoll; Fabricius ἐξ περιωνίας ᾔσθα; vermutlich ist zu lesen: ἐκ προνοίας οἶσθα σε τεγνώμενα, mit Vergleichung von § 40: παραδοξότερον δὲ τι μαρτυρήσωμεν ἐκ τῆς προνοίας τῆς οὔσης ἐν τοῖς ἀλόγοις ζώοις.

Vorrede und den prätentiösen Zwischenbemerkungen einerseits und dem mageren Stoffe andererseits, sowie die Fassung der einzelnen Sympathien und Antipathien, welche ganz und gar den Charakter eines dürftigen Auszugs trägt, während die Zitate, die wir oben aus Demokritos-Bolos gefunden oder ermittelt haben, insbesondere das vom Umgang eines Grundstücks gegen die Raupen in seinen verschiedenen Versionen, auf eine breite, mit minutiösen Einzelheiten ausgestattete Darstellung hinweisen. Wenn endlich, was den Inhalt selbst betrifft, darauf kein entscheidendes Gewicht gelegt werden darf, dass gerade die Zitate Col. 9, 3, 64 und Schol. Nic. Ther. 764 nicht in dem Fragmente vorkommen, so könnte man eher das auffallend finden, dass von den kosmischen Sympathien, den „sublimiora", welche nach Plin. 20, 1 ff. bei Bolos, wie in den Sammlungen der Stoiker in erste Linie gestellt waren, keine Spur vorhanden ist.

Das Stück ist also zu betrachten als ein Auszug aus einem oder mehreren grösseren Werken; dafür, dass es gerade ein Auszug aus dem Sympathiebuch des Demokritos-Bolos wäre, giebt, wenn man von der jonisierenden Vorrede absieht, der Inhalt keinerlei Anhaltspunkte; man müsste im Gegenteil, wenn dem so wäre, erwarten, dass mit Plinius, bei dem, wie wir oben gesehen haben, Pseudodemokritos sehr ausgiebig benutzt ist, vielfach materielle, und auch formelle Übereinstimmung zu Tage träte, was nicht der Fall ist. Durch die Unordnung des Inhalts erinnert das Fragment an jene magischen Traktate, welche durch fortgesetztes Abschreiben und Exzerpieren abergläubischer oder auf den Aberglauben anderer spekulierender Leute zu unordentlichen und wirren Sammelsurien sich gestalteten. Der Mangel eines Abschlusses macht es bei der sonstigen Redseligkeit des Verfassers sehr wahrscheinlich, dass nur ein Bruchstück vorliegt.

Der Vorschlag Gemolls (a. a. O. p. 20), die Abfassung des Fragments nach den Geoponika, also nach 950 anzusetzen, hat mit Recht keinen Anklang gefunden; wo dasselbe mit dem Sammelwerk des Cassianus Bassus, das selbst wieder aus älteren Sammelwerken zusammengestellt ist, allein übereinstimmt, — und das trifft nur in 3 Fällen*) zu, — ist man ebensowenig, wie bei den zahlreichen Übereinstimmungen mit dem Sammler Aelian, berechtigt oder genötigt, direkte Benutzung durch das Fragment anzunehmen. Welcher nachchristlichen Periode es angehört, lässt sich, so weit ich sehe, mit Bestimmtheit nicht feststellen, aber bis auf weiteres liegt nichts vor, warum es nicht, gleich den von Dieterich a. a. O. p. 779 f. besprochenen Zaubertraktaten und den φυσικὰ καὶ ἀντι-

---

*) Fr. Dem. § 30 = Geop. 15, 1, 35; aber auch — Geop. 17, 11; Dem. § 32 = Geop. 15, 1, 11, = Geop. 13, 13 und Dem. § 37 = Geop. 13, 4. Von der letzteren Stelle hat inzwischen Oder, Beiträge S. 212 ff. nachgewiesen, dass sie aus den Georgika des Didymos, einem Sammelwerk des vierten oder fünften Jahrhunderts, stammt. Die Abschnitte 17, 11 und 11, 13 sind jedenfalls nicht Eigentum des Cassianus. Auf das Verhältnis zu Aelian wird bei Nepualios die Rede kommen.

καθητικά des Aelius Promotus, aus der Zeit zwischen 150—250, aber freilich auch aus einem späteren Jahrhundert stammen könnte.

b.

Νεπωαλίου περί των κατά αντιπάθειαν και συμπάθειαν.

Viele Ähnlichkeit mit dem bisher besprochenen hat der andere Traktat, der den Namen des Nepualios trägt. Auch hier geht eine Einleitung voraus, welche aber kürzer gefasst und handschriftlich besser erhalten ist, gerichtet an einen gewissen κράτιστος Σέκτος, welcher bezeichnet wird als mit jeglicher Art von Bildung geschmückt. Sie lautet: Ἐπιστάμανός σου τὸ φιλομαθὲς καὶ εἰς πάντα φιλότιμον, κράτιστε Σέκτε, ἐπούλανα συναγαγεῖν καὶ γράψαι σοι βιβλίον συμπαθειῶν καὶ ἀντιπαθειῶν, οὐχ ὥσπερ οἱ πρότερον συγγραψάμενοι πολλὰ ἄπιστα καὶ μηδ' ὅλως ἀληθείας ἐχόμενα, ἀλλ' ὀλίγα καὶ πάντα ἡμῖν διὰ πείρας ἐληλυθότα, ἵνα ἐκ τούτων ἐπιγνῷς τὴν κολοπειρίαν τὴν ἐμὴν καὶ εὔνοιαν τὴν εἰς σέ. Περισσὸν δέ μοι δοκεῖ, ἀνδρὶ πάσῃ παιδείᾳ κεκοσμημένῳ φιλοσόφρος καὶ ποιητὰς καὶ μάντεις εἰς μαρτυρίας παρέχειν, ὅτι τὰ μέγιστα τῶν θεραπευμάτων ἐκφάαις καὶ περιάπτοις καὶ περιχρίστοις κατὰ ἀντιπάθειαν θεραπεύεται. Ἀρξώμεθα δὲ ἀφ' ὧν τὰ ζῷα νοσοῦντα ἑαυτὰ θεραπεύουσιν. Der Verfasser versichert also im Gegensatz zu früheren, welche viel unglaubliches und nicht ganz mit der Wahrheit übereinstimmendes zusammengeschrieben hätten, nur weniges, aber durchaus von ihm selbst erprobtes geben zu wollen. Ob er wohl auch das Hahnenfett gegen den anrennenden Löwen (§ 64) oder die Meerzwiebel gegen den Wolf (§ 78) erprobt hat? Bemerkenswert ist, dass hier ἐκφάαι, περίαπτα und περίχρισματα, Besprechung, Amulet und Einreibung, ausdrücklich als Antipathien bezeichnet sind.

Das Stück enthält — ebenfalls nach Gemolls Einteilung — 86 Paragraphen, welche gleich kurz oder fast noch kürzer gefasst als beim vorhergehenden, den Charakter eines Auszugs deutlich aufweisen; eine gewisse Ordnung ist beabsichtigt, wie der Schluss der Einleitung ἀρξώμεθα u. s. w. zeigt, und auch in der Hauptsache, wiewohl nicht ohne Störung, besonders bei § 33 eingehalten; Zwischenbemerkungen fehlen; am Ende bricht der Traktat eben so jäh ab, wie der vorher besprochene.

§ 1—25 und wieder § 29 - 32 enthalten Mittel, womit kranke Tiere sich selbst heilen: § 1. κύνες νοσοῦντες χλωρὰν ἄγρωστιν (Triticum repens, Quecke*) ἐσθίουσι καὶ ἐμοῦσι χολήν. § 2. σύες νοσοῦντες καρκίνους ποταμίους ἐσθίουσιν. § 3. Ἐλαφος νοσοῦσα ἔχιδναν**) ἐσθίει. § 4. λέων νοσῶν πίθηκον ἐσθίει u. s. w. § 25 macht den Übergang zur Aufzählung von Nesteinlagen d. h. von Mitteln — meist Pflanzen, aber auch tote Tiere und Teile von solchen —, welche die Tiere in ihre Nester oder Lager legen, wo-

*) Die Pflanzennamen nach Sprengels Kommentar zu Dioskurides, so weit sie dort behandelt sind.
**) Wie Oder das handschriftliche ἐχιὼν nach Tatian richtig verbessert.

für der stehende Ausdruck ἐντιθέναι oder ἐντίθεσθαι ist, um Feinde von ihren Jungen oder sich selbst fernzuhalten: § 25. κορυδαλλὸς (Schopflerche) νοσῶν ἄγρωστιν ἐσθίει καὶ τῇ νοσσιᾷ αὐτοῦ ὁμοίως τὴν ἄγρωστιν ἐντίθησιν. So legt die Weihe Bocksdorn (Lycium Europaeum) ein, der Fuchs Meerzwiebelblätter gegen Wölfe, die Taube Lorbeerblätter, der Habicht Keuschlamm (Vitex agnus castus), der Storch einen Schildkrötenknochen mit Platanenblättern gegen Fledermäuse, die Eule das Herz einer Fledermaus gegen Ameisen, der Schwan Bienen u. s. w. § 25--28 und 33—50. Die übrigen 36 Paragraphen geben in buntem Gemisch Mittel gegen Krankheiten, Schutzmittel gegen wilde oder giftige Tiere, Mittel, durch welche Tiere rasend oder unbeweglich gemacht, angelockt oder auch getötet werden — z. B. stirbt die Katze, wenn man ihr den Schädel mit Rosenöl einreibt (§ 57) —; dann aber auch eine Reihe von schlichten Antipathien z. B. § 53: Die Ameisen sollen am Sabbat (!) nicht arbeiten, § 56: der Diamant wird durch Bocksblut aufgelöst (cf. oben Plinius 37, 59); den Salamander verzehrt das Feuer nicht; der Löwe fürchtet sich vor dem Hahn, besonders einem weissen, vor einem leeren Wagen, brennendem Feuer; der Magnetstein zieht das Eisen an; ferner die Geschichte vom Biber (wie im fragm. Dem.), von den halkyonischen Tagen, Hippomanes, Schwalbenstein u. s. w.

So gross die Ähnlichkeit beider Traktate in der Form ist, und obgleich sie manche Einzelheit gemeinsam haben, — fragm. Dem. stimmt in 9 Stellen mit Nepualios, wovon aber 7 ebenso bei Aelian sich finden — so hat doch jeder so viel selbständiges, dass weder der eine aus dem anderen, noch auch beide unmittelbar aus derselben Vorlage hervorgegangen sein können.

Was den Namen des Verfassers Νεπουάλιος betrifft, so hat ihn Fabricius (Bibl. Gr. Hamburg 1711, Band IV, p. 301) bezw. Rendtorf sehr willkürlich in Anatolios umgeändert. Letzterer sagt in seinen Notae: „pro Νεπουαλίῳ, nomine nihili, quod in apographo (des God. Christ. Goezius) deprehendi — nam codicem ipsum manuscriptum, e quo hoc fragmentum descriptum est, inspicere nobis non licuit — restitui Ἀνατολιόν, exigua litterarum differentia (!)". Νεπουαλίον haben auch die von Rohde a. a. O. nachgewiesenen Handschriften. Haupt hat zu den Excerpta ex Timothei Gazaei libris de animalibus, Hermes III, p. 1 sqq., wieder abgedruckt im dritten Band der Opuscula p. 274 sqq. die Bemerkung: in Νεπουαλίον latet fortasse Νεπτουνανοῦ. Physica Neptuniani commemorat Julius Africanus in Cestis p. 301 b. So ansprechend diese Konjektur ist, so wird man sie doch nicht für schlechthin erwiesen ansehen und diesen Namen an die Stelle von Nepualios setzen dürfen. Afrikanus handelt an dieser Stelle περὶ τοῦ ἵππου (lies ἵππος) ἐκ τοῦ αὐτοῦ τόπου ἀμετακινήτως ποιεῖν, und sagt: ἀνέγνων ἐν τοῖς Νεπτουνιανοῦ Φυσικοῖς, ὅτι λύκου ἀσεράγαλος διξιοῦ ποδὸς τοῦ ἐμπροσθίου μερεῖς πρὸ τετραώρου ἵστησι τὸ ἅρμα. Nepual. § 72 lautet: ἵππος ναρκᾷ ἐπιβὰς ἴχνη λύκου πρόσφατα, und Aelian, der etwa gleichzeitig mit Afrikanus zu Anfang des dritten Jahrhunderts schrieb, sagt κ. ζ. 1, 36: ἴχνος λύκου πατεῖ κατὰ τύχην ἵππος καὶ νάρκη περιπίληφεν αὐτόν · εἰ δὲ ὑπομ-ρίψιας ἀστράγαλον λύκου τετράφψ θέοντι, τὸ δὲ ὡς πεπηγὸς ἐστήξεται, τῶν ἵππων τὸν ἀστρά-γαλον κατηράντων. Hieraus lässt sich, wie Oder mit Recht bemerkt, der Schluss ziehen, dass Aelian entweder aus Neptunian geschöpft oder gemeinsam mit diesem aus einer und derselben Vorlage; aber dass das uns vorliegende, den Namen des Nepualios tragende Fragment ein Stück der Φυακά des Neptunian oder vielmehr, da ja gerade das, was Afrikanus von Neptunian anführt, nicht bei Nepualios steht, auch nur ein Auszug aus Neptunian wäre, ist damit noch nicht bewiesen. Für das, was Nepualios § 72 giebt, nennen die Geopon. ausdrücklich eine andere Quelle. 15, 1, 6: Πάμφιλος ἐν τῷ περὶ Φυακῶν φησιν, ὅτι λύκων ἴχνη κατήσαντες ἵπποι ναρκῶσι τὰ σκέλη. Dieser Pamphilos ist ohne Zweifel identisch mit dem Verfasser eines Pflanzenbuchs, welchen Galenos wiederholt und geradezu leidenschaftlich als einen litterarischen Schwindler bekämpft, der sich in Ammenmärchen und läppische ägyptische Gaukeleien verlor. Oder setzt ihn a. a. O. S. 78 ins erste christliche Jahrhundert. Aber auch schon Plinius kennt das Geschichtchen Nat. Hist. 28, 157: Tanta vis est animalis (sc. lupi), ut vestigia eius calcata equis afferant torporem. Es wird sich also empfehlen, den Namen Nepualios zu belassen.

Hinsichtlich der Zeit der Abfassung kommt Gemoll a. a. O. p. 21 sq. zum Ergebnis, dass dieser Nepualios im 6ten Jahrhundert gelebt habe, und zwar weil er einerseits im ersten Teil seines Traktats den Timotheos von Gaza benutzt habe, andererseits selbst wieder von Georgios Pisides in seinem Hexaemeron benutzt worden sei. Die erstere Annahme steht freilich von Haus aus auf sehr schwachen Füssen*), und wird hinfällig durch eine von Oder als Parallele zu Nepualios angeführte Stelle aus Tatians Λόγος πρὸς Ἕλληνας cap. 18: τίνος δὲ χάριν οὐ τῷ δυνατωτέρῳ προσέρχῃ δεσπότῃ, θεραπεύεις δὲ μᾶλλον αὐτόν (= αὐτόν), ὥσπερ ὁ μὲν κύων διὰ πόας, ὁ δὲ ἔλαφος δι' ἐχίδνης, ὁ δὲ σῦς διὰ τῶν ἐν ποταμοῖς καρκίνων, ὁ δὲ λέων διὰ τῶν πιθήκων. Diese Stelle, welche sich im gleichen Zusammenhang, wie seine oben zitierte Äusserung über die Sympathie befindet, giebt genau die vier zuerst von Nepualios § 1—4 genannten, auch oben S. 39 im Wortlaut angeführten Beispiele sympathetischer Heilung, und zeigt klar, dass schon Tatian, der 165 zum Christentum übertrat, und offenbar auch seine Zuhörer oder Leser ein Sympathiebuch kannten, dessen Eingang mit dem Eingang des auf den Namen des Nepualios überlieferten genau übereinstimmte.

Wir können noch einen Schritt weiter gehen: Plutarch (geb. ca. 46, gestorben nach 119) sagt Quaest. Nat. 26: διὰ τί τὰ ζῷα τὰς βοηθούσας δυνάμεις, ὅταν ἐν πάθει γένηται, ζητεῖ καὶ διώκει, καὶ χρώμενα πολλάκις ὠφελεῖται; καθάπερ αἱ κύνες ἐσθίουσι πόαν,

*) Der ganze Beweis ruht nämlich darauf, dass Nep. § 6 sagt λύκος νοσῶν τὴν ἰσθίει, was zuerst Timotheos behaupte, während Aristoteles und Plinius sagen, er thue es aus Hunger, κτινῶν.

ἵνα τὴν χολὴν ἐξεμῶσιν· αἱ δὲ ὅες ἐπὶ τοὺς ποταμίους καρκίνους φέρονται, βοηθοῦνται γὰρ ἐσθίουσαι πρὸς κεφαλαλγίαν· ἡ δὲ χελώνη, φαγοῦσα τὴν σάρκα τοῦ ἔχεως, ὀρίγανον ἐπεσθίει· τὴν δ᾿ ἄρκτον λέγουσιν ἀσωμένην τοὺς μύρμηκας ἀναλαμβάνειν τῇ γλώσσῃ καὶ καταπίνουσαν ἀπαλλάττεσθαι. Die beiden ersten Beispiele sind wieder die gleichen, wie bei Nepualios und Tatian, das vierte ist § 12 bei Nepual. ἄρκτος νοσοῦσα μυρμηδόνας (= μύρμηκας) sc. ἐσθίει; das dritte von der Schildkröte fehlt bei Nep., wird aber sonst öfters erwähnt, z. B. Aelian κ. C. 3, 5. Geop. 15, 1, 17. cf. auch Plin. 8, 98.

Nun hat aber Plutarch dieses Zitat noch einmal und noch ausführlicher de sollert. anim. cap. 20. Γελοῖοι δ᾿ ἴσως ἐσμὲν τὰ ζῷα σεμνύνοντες, ὧν ὁ Δημόκριτος ἀποφαίνει μαθητὰς ἐν τοῖς μεγίστοις γεγονότας ἡμᾶς· ἀράχνης ἐν ὑφαντικῇ καὶ ἀκεστικῇ· χελιδόνος ἐν οἰκοδομίᾳ· καὶ τῶν λιγυρῶν, κύκνου καὶ ἀηδόνος, ἐν ᾠδῇ. Ἰατρικῆς δὲ πολὺ τῶν τριῶν εἰδῶν (nämlich φαρμακευτικῇ, διαιτητικῇ und χειρουργικῇ) ἑκάστου καὶ γενναῖον ἐν αὐτοῖς μόριον ὁρῶμεν. (b) γὰρ μόνῳ τῷ φαρμακευτικῷ χρῶνται, χελῶναι μὲν ὀρίγανον, γαλαῖ δὲ πήγανον, ὅταν ὄφεως φάγωσιν, ἐπεσθίουσαι· κύνες δὲ πόᾳ τινὶ καθαίροντες ἑαυτοὺς χολεριῶντας· ὁ δὲ δράκων τῷ μαράθρῳ τὸν ὀφθαλμὸν ἀμβλυώττοντα λεπτύνων καὶ διαχαράττων (Nep. § 22 ὄφις ἀμβλυωπόντες μάραθρον ἐσθίουσι)· ἡ δ᾿ ἄρκτος, ὅταν ἐκ τοῦ φωλεοῦ προέλθῃ, τὸ ἄρον ἐσθίουσα πρῶτον τὸ ἄγριον ... ἄλλως δὲ ἀσώδη· γευομένη πρὸς τὰς μυρμηκιὰς τρέπεται καὶ κάθηται· προβάλλουσα λιπαρὸν καὶ μαλακὴν ἐκμάδι γλυκείᾳ τὴν γλῶσσαν, ἄχρις οὗ μυρμήκων ἀνάπλεως γένηται. τῆς τ᾿ ἴλεως τὸν ὑποκλυσμὸν ἅλμῃ καθαιρομένης Αἰγύπτιοι σονδεῖν καὶ μιμήσασθαι λέγουσαν etc.

Diese Stellen sind in mehrfacher Beziehung lehrreich: erstens sieht man, dass Plutarchs Vorlage viel ausführlicher war als Nepualios; sie gab, wodurch vieles erst verständlich wird, sowohl die Krankheiten an, welche geheilt werden sollten, als auch die Art und Weise, wie die Mittel angewendet wurden. Zweitens sieht man, dass entweder Tatian und Plutarch die gleiche Vorlage gehabt haben, oder dass Tatian bereits einen Auszug nach Art dessen, der bei Nepualios vorliegt, im Auge hatte, welch letztere Annahme der Wortlaut bei Tatian begünstigt, aber nicht unbedingt nötig macht.

Die Vorlage Plutarchs für die Schrift de sollertia animalium war, wie Max Wellmann im Hermes Bd. 26, Jahrgang 1891, Seite 531 ff. nachgewiesen hat, das grosse tiergeschichtliche Kompendium des Alexander von Myndos, der frühestens zur Zeit des Tiberius gelebt haben kann, περὶ ζῴων betitelt, und wurde von Plutarch auch sonst vielfach für seine Moralia benutzt. Dasselbe Kompendium, sowie eine weitere Schrift des Myndiers, θαυμασίων συναγωγή, hat auch Aelian benutzt, und daraus erklärt sich, warum überhaupt bei Nepualios so viele Übereinstimmung mit Aelian sich findet. Tatian und Nepualios müssen ein Sympathiebuch benutzt haben, das, wenn nicht unmittelbar aus Alexander von Myndos geschöpft, wenigstens mittelbar in wesentlichen Abschnitten auf auf ihn zurückging: das zeigt einerseits die Übereinstimmung in Anordnung und Inhalt

bei Nepualios, Tatian und Plutarch, andererseits die Abweichung in der Anordnung bei
Plinius 8, 97 ff., welcher denselben Stoff aus Demokrit, aber auf anderem Wege, über-
kommen hat *). Plutarch nennt nämlich an der angeführten Stelle de soll. an. cap. 20
als seine Quelle den Demokrit, d. h. er fand bei Alexander von Myndos, der seine
Quellen anzugeben pflegte, für diesen Abschnitt den Demokrit genannt. Da die Angaben
desselben in den Traktat des Nepualios περὶ τῶν κατὰ ἀντιπάθειαν καὶ συμπάθειαν über-
gegangen sind, so ist der Schluss erlaubt, dass sie aus dem Sympathiebuch des
Demokritos-Bolos stammten.

Wenn nun auch der Beweis erbracht sein dürfte, dass die Eingangsparagraphen
des Nepualios, und die anderen Partien, in welchen er mit Aelian übereinstimmt, auf
Alexander zurückgehen, so ist damit keineswegs gesagt, dass der gesamte Nepualios ein
Auszug aus der Schrift Alexanders sein muss. Haben wir doch weder Anhaltspunkte zur
Beantwortung der Frage, durch wie viel Hände der Stoff gegangen ist, bis der knappe
Auszug des Nepualios zu Stande kam, noch wissen wir, aus wie viel Vorlagen derselbe
zusammengestoppelt sein mag.

Aber so viel geht aus dem Bisherigen mit Bestimmtheit hervor, dass auch hier
nichts uns nötigt, die Entstehungszeit des Traktats so tief herabzurücken, wie Gemoll
thut, dass vielmehr, wie bei dem Demokritosfragment, die Möglichkeit der Entstehung im
dritten Jahrhundert oder gar schon vor 165 nicht ausgeschlossen ist.

An dieser Stelle wären auch noch

c.

Des Aellus Promotus Φυσικά καὶ Ἀντιπαθητικά

einzureihen, welche leider noch nicht veröffentlicht sind. Was wir darüber wissen, verdanken wir dem schon genannten Aufsatz Rohdes über diesen Arzt im Rhein. Mus.,
N. F. Band 28, S. 264 ff. Das Schriftchen ist erhalten in einem vatikanischen, einem
Mailänder und einem Leydener Codex und scheint nach der Zahl der Seiten im Manus-
kript ähnlichen Umfangs zu sein, wie die beiden bisher besprochenen Traktate. Von
einem anderen Werke des Promotus, einer grossen Rezeptensammlung, mit dem Titel
Αἰλίου Προμώτου Ἀλεξανδρέως Δυναμερόν, welches sich in der Markusbibliothek in Venedig
befindet, ist das Proömium und einige der 130 Kapitel zuerst von Joannes Bona in seinem
Tractatus de Scorbuto (Verona 1761) und nach ihm von C. G. Kühn in den Addita-

---

*) Plinius 8, 97—101 enthält nämlich ganz ähnliche Angaben wie Plutarch, Aelian, bezw. Nepua-
lios; da er aber Alexander von Myndos nicht kennt, so muss er entweder den Pseudodemokrit selber benutzt haben, oder, da das wenigstens für die ersten 19 Bücher wenig wahrscheinlich ist, — für das 12te
und 13te z. B. leugnet es Sprengel — eine andere sekundäre Quelle.

menta ad Fabricii elenchum medicorum vet. I (Leipzig 1826) veröffentlicht. Am Schlusse dieses Proömiums heisst es: εἰ δέ τι τῶν νοσημάτων κακοηθεύοιτο, μήτε διαγνώσει μήτε τῇ διὰ τῆς ὕλης εἰκῶν θεραπείᾳ, ὕστερον προσέταξα πλὴν τὴν τῶν φυσικῶς ἐνεργούντων καὶ ἀφράστῳ τινὶ αἰτίᾳ τε καὶ δυνάμει δρώντων συναγωγήν. Nach dieser Ankündigung bildeten also jene Φυσικά καὶ Ἀντιπαθητικά den zweiten Teil des Δυναμερῶν, und waren eine Sammlung physischer, d. h. sympathetischer Heilmittel, wie solche z. B. Plinius aus älteren Ärzten in Menge anführt, und auch Dioskurides in seiner Materia Medica vielfach mitteilt. Hinsichtlich der Zeit bemerkt Rohde, möglicherweise gehöre der Verfasser noch dem zweiten Jahrhundert n. Chr. an, nämlich der Zeit zwischen Hadrian und Pertinax; denn auf diese Zeit weise vielleicht sein Nomen Aelius, welches gerade damals von den Kaisern so viele griechische Gelehrten und Sophisten annahmen.

d.
Die dem Zoroaster zugeschriebene Sammlung von Sympathien und Antipathien.

Das erste, sehr umfangreiche Kapitel des 15ten Buches der Geoponika des Cassianus Bassus trägt die Überschrift περὶ φυσικῶν συμπαθειῶν καὶ ἀντιπαθειῶν und das Autorenlemma Ζωροάστρου.

An und für sich wäre ein auf den Namen Zoroasters zirkulierendes Sympathiebuch keineswegs etwas unwahrscheinliches; er galt ja allgemein als Vater der Magie, und dass griechische Schriften ähnlichen Schlages unter seinem Namen vorhanden waren, zeigt Suidas s. v. Ζωροάστρης: Ζ. Περσομῆδος, ὃς καὶ πρῶτος ἥρξε τοῦ παρ' αὐτοῖς πολίτευ μένου ὀνόματος τῶν Μάγων. ἐγένετο δὲ πρὸ τῶν Τρωϊκῶν ἔτεσι φʹ (500 Jahre; nach Hermippos von Smyrna 5000 Jahre) φέρεται δὲ αὐτοῦ περὶ φύσεως βιβλία δʹ, περὶ λίθων τιμίων ἕν, ἀστεροσκοπικά, ἀποτελεσματικὰ βιβλία εʹ; ferner Zitate bei Alten, wie Geop. 11, 8, 11: Zoroaster sage, ein ganzes Jahr bekomme der keine Augenschmerzen, der sich die Augen mit drei Rosenknospen abreibe, ohne die Knospen abzubrechen; und Geop. 13, 9, 10: Zoroaster sage, Lattichsamen in Wein getrunken heile Skorpionenbisse. Aber schon Plinius weiss neben dem Perser Zoroaster, der 6000 Jahre vor Platons Tod gelebt, noch von einem jüngeren dieses Namens aus Prokonnesos, der kurz vor Osthanes bezw. Xerxes gelebt habe. Die von Suidas erwähnten Schriften sind ohne Zweifel ebenfalls ein Produkt der alexandrinischen Schwindellitteratur. Plinius nennt den Zoroaster als Quelle für das 18te Buch (vom Ackerbau) und das 37te (von den Edelsteinen). In beiden Büchern ist er auch im Text zitiert, 18, 200 für eine astronomische Anweisung über die richtige Zeit der Aussaat, und 37, 133. 150. 157. 159 für Angaben über Edelsteine und Wirkungen derselben; letztere gehen offenbar auf das Buch περὶ λίθων τιμίων zurück. Bezeichnend für die Wertung dieses „Zoroaster" ist auch die Gesellschaft, in welcher er als Gewährsmann für die Synonyma der Pflanzennamen in des Dioskurides Materia Medica erscheint: Osthanes wird dort achtmal, Pythagoras sieben-, Zoroaster fünf-, Demokritos einmal genannt. Es wäre also hiernach wohl denkbar, dass ausser den 4 Büchern περὶ φύσεως, die zweifellos paradoxographischen Inhalts waren, auch noch ein solches περὶ φυσικῶν συμπαθειῶν καὶ ἀντιπαθειῶν auf diesen gefeierten Namen im Umlauf gewesen wäre.

Aber die beiden einleitenden Paragraphen, 15, 1, 1 und 2, welche als Motto dieser Programmabhandlung vorgesetzt sind, sprechen klar und deutlich aus, dass die folgende Zusammenstellung vom Sammler Cassianus Bassus selbst herrührt, und dass also hier, wie an andern Orten der Geoponika die Autorenbeischrift am Rande, welche zudem im Cod. Guelferb. fehlt, unrichtig und wertlos ist. Für einen grossen Teil seiner Kompilation zitiert Cassianus ausdrücklich seine Gewährsmänner, so für § 3 - 5 Plutarch (quaest. conviv. II, 7 – 9), für § 6, 7 Pamphilos' Physika, für § 8 Platon (de rep. pag. 336 D), für § 11 und wahrscheinlich auch 12 und 13, sowie § 32 des Nestor von Laranda*) Panakeia, für § 20 – 23 Aristoteles und Theophrast, letztere beide wie auch den Pamphilos zweifellos durch Vermittelung seiner beiden Hauptvorlagen Anatolios und Didymos. Ausserdem hat er ohne Namensnennung für § 17 Plutarchs quaest. nat. 26, für § 28 und 29 Plutarchs quaest. conviv. II, 7 benutzt. Öfters wiederholt er auch, was er früher schon seinen Quellen entnommen hatte, so für § 9 Geop. 2, 42, 3; für § 15 Geop. 13, 8, 5; für § 25 Geop. 13, 9, 6, wo überall Demokritos, für § 16 Geop. 13, 8, 6 und § 24 Geop. 13, 9, 5, wo Apuleius, beides Quellenschriftsteller des Anatolios, als Gewährsmänner angegeben sind; für § 27 ist Geop. 2, 19, 4 benutzt. Endlich enthalten § 18 und 19 eine Reihe Nesteinlagen, wie sie Aelian π. ζ. I, 35. 37 und Nepualios aufzählen, mit einzelnen Abweichungen; alle drei Darstellungen scheinen auf Alexander von Myndos zurückzugehen.

Aus dem Inhalt ist hervorzuheben, dass hier zwischen vier andern wunderkräftigen „Steinen“, dem Magnet, μαγνῆτις λίθος, dem Bernstein, ἠλεκτριανὸς λ., dem Adlerstein, ἀετίτης, und dem Gagat, γαγάτης λ. die Koralle als besonders wirksames Antipathetikon erscheint, § 31: ὁ κοράλιος λίθος ἐκεῖνος (κλίμενος?) ἐν τῇ οἰκίᾳ πάντα φθόνον καὶ ἐπιβολὴν ἐλαύνει. Als solches wird sie auch in den orphischen Lithika (v. 510–609) gefeiert, einem aus dem vierten nachchristlichen Jahrhundert stammenden Gedicht, das in poetischer Form die prosaische Schrift eines Magiers Damigeron wiedergiebt, welcher vor dem zweiten christlichen Jahrhundert lebte**). Z. B. v. 588 ff.

---

*) Nestor von Laranda in Lykaonien schrieb unter Alexander Severus ausser der hier zitierten Πανάκεια eine Ἰλιάς λειπογράμματος und Μεταμορφώσεις φυτῶν καὶ ὀρνέων.

**) cf. Orphei Lithica p. 103 in E. Abels Orphica, Leipzig und Prag 1885.

φάρμακα ἔ'ὅσσα πίλονται ἀτάσθαλα καὶ κατάλεσμοι
ὀραί τ' ἀγνάμπτοισιν Ἐρινύσι κάγχυ μέλουσαι,
εἴτε μύσος κτοίδων οἰκοφθόρον οὐκ ἐνόησαν
ἀνέρ, εἴθ' ὅσα λόμματ' ἐπὶ σφίσιν ἠδ' ἐπαοιδὰς
σχέτλιοι ἀλλήλοισι μεγαίρονιες τελέουσι,
πάντων ἀντίλοτρον δή,εις κρατερώτατον εἶναι.

Zerkleinert und unter das Saatkorn gemischt, schützt sie das Getreide vor Sonnenbrand und Hagel, Würmern und Raupen, auch Meltau und Heuschrecken; in Wein getrunken ist sie ein Präservativ gegen den Biss der giftigen Natter. Plinius bespricht zwar 32, 21—24 ziemlich eingehend ihr Vorkommen, ihre Beschaffenheit und verschiedenen Arten, bemerkt aber, dass sie bei den Indiern besonders geschätzt werde, gerade so hoch wie in Rom die indischen Perlen; auch glauben die indischen Wahrsager und Seher, dass sie ihren Träger ganz besonders gegen Gefahren schütze. Ehe dies im Abendland bekannt geworden, hätten die Gallier sogar ihre Schwerter, Schilde und Helme damit geschmückt; jetzt aber sei ein solcher Mangel an verkäuflicher Ware eingetreten, dass sie selbst in ihrer Heimat sehr selten gesehen werde. Wenn er später § 24 noch hinzufügt: surculi infantiae adalligati tutelam habere creduntur, so scheint er dabei das Abendland im Auge zu haben; aber als nationaler Lieblingsschmuck und zugleich als Hauptmittel gegen den bösen Blick, wie im heutigen Italien, erscheint die Koralle bei Plinius noch nicht. Die zahlreichen medizinischen Wirkungen, die er ihr zuschreibt, stimmen grossenteils mit Dioskurides (Mat. Med. V, 138), welcher § 139 noch eine besondere Gattung der Koralle unter dem Namen Ἀντιπαθὲς aufführt: καὶ τὸ καλούμενον δὲ ἀντιπαθὲς κοράλλιον οἰητέον ὑπάρχειν, εἰδικὴν ἔχον διαφοράν .... δύναμιν δὲ ἔχει τὴν αὐτὴν τῷ προειρημένῳ. Auch die moderne Wissenschaft nennt noch eine Korallenart Antipathes.

Auffallend ist § 20 ff. Θεόφραστος καὶ Ἀριστοτέλης φασὶ τὰ ζῷα οὐ μόνον ἐξ ἀλλήλων γεννᾶσθαι, ἀλλὰ καὶ ἀπὸ τῆς γῆς σηπομένης · αὐτῶν δὲ τῶν ζῴων καὶ τῶν φυτῶν μεταβάλλεσθαί τινα εἰς ἕτερα. Darauf wird angeführt die Verwandlung der Raupe zum Schmetterling, der Feigenbaumraupe zur Kantharide, der Wasserschlange, wenn ihr Gewässer austrocknet, zur Viper, und sonstige Verwandlungen von einem Tier in das andere, wie solche bei Plinius und Aristoteles aufgezählt werden. Man sah also in diesen „μεταβολαὶ φυσικαὶ ζῴων" auch eine συμπάθεια φυσική.

3.

Sympathie und Antipathie in der übrigen antiken Litteratur.

Das ist, was sich von Schriften, welche ausdrücklich als Bücher über Sympathie und Antipathie bezeichnet sind, ausmitteln liess. Ohne Zweifel sind auch viele der Φυσικά περὶ Φύσεως und ähnlich betitelten Schriften ganz oder wenigstens grossenteils nichts anderes als Sympathiebücher im antiken Sinne gewesen. Bei der nahen Verwandtschaft zwischen Magie und Sympathie ist es keineswegs verwunderlich, dass durch den Vernichtungskrieg, welchen das Christentum von Anfang an gegen die magische Litteratur aufnahm, wie die bekannte, zugleich ihre massenhafte Verbreitung lehrende Stelle Acta Apost. 19, 19 zeigt (ἱκανοὶ δὲ τῶν τὰ περίεργα πραξάντων συνενέγκαντες τὰς βίβλους κατέκαιον ἐνώπιον πάντων · καὶ συνεψήφισαν τὰς τιμὰς αὐτῶν καὶ εὗρον ἀργορίου μυριάδας πέντε), und welcher nach dem Sieg des Christentums im vierten Jahrhundert von Staats wegen durchgeführt wurde, auch die Sympathiebücher bis auf die zwei oder drei noch vorhandenen Traktätchen ihren Untergang fanden. Dafür aber, dass von ihrem Inhalt noch reichliche Überbleibsel auf die Nachwelt gekommen sind, hat die übrige Litteratur, insbesondere die naturwissenschaftliche, medizinische und landwirtschaftliche gesorgt, vor allem das grosse Sammelwerk des Plinius. Diese Überbleibsel nachzuweisen, ist der nächste Abschnitt bestimmt. Freilich eine vollständige Zusammenstellung käme, zumal bei den weiten Ausdehnung, welche die Alten dem Begriffe der Sympathie und Antipathie gegeben haben, nahezu einer Darstellung des gesamten antiken Aberglaubens gleich, und ginge über den Rahmen dieser Abhandlung weit hinaus. Ich muss mich hier darauf beschränken, nachdem ich an die bereits oben erörterten Stellen aus Cicero, Columella, Plinius, Tatian, Geoponika u. s. w. erinnert habe, die wichtigsten Fundstätten nachzuweisen, und daraus diejenigen Einzelheiten, welche teils für die Terminologie, teils für die Anschauungen der Alten charakteristisch sind oder überhaupt inhaltlich etwas besonderes bieten, hervorzuheben.

Da die Sympathiebücher auf demselben Boden und zum Teil gleichzeitig mit den Mirabiliensammlungen entstanden sind, vielfach den gleichen Inhalt mit ihnen haben, und überhaupt als ein Zweig dieser seit dem 3ten Jahrhundert in Alexandrien wuchernden Litteratur zu betrachten sind, so läge es nahe, zuallererst die Reste dieser Litteratur zu befragen; allein Plinius nimmt als Quelle für Sympathie und sympathetische Heilmittel eine solch hervorragende Stelle ein, dass es sich empfiehlt, vorher noch einmal zu ihm zurückzukehren.

Im zweiten Buch der Historia Naturalis kommen die Wirkungen von Sonne, Mond und Gestirnen auf die Atmosphäre, das Meer, die Erde und die Organismen auf derselben zur Sprache, insbesondere die Sympathie zwischen Mond und Zu- und Abnahme der Austern und anderer Schaltiere, der Mausleber*) und gewisser Augenkrankheiten. 2, 108—110.

Auch die Bücher 7—19 enthalten eine Menge von einzelnen einschlägigen Bemerkungen; u. a. werden am Ende des neunten und dem des zehnten zahlreiche

---

*) 2, 109: soricum fibras respondere numero lunae; siehe auch unten.

Sympathien und Antipathien von Tieren aufgezählt, ohne dass sich übrigens diese Lehre in den Vordergrund drängte. Anders aber wird es vom 20ten Buch an, welches mit der oben besprochenen Ankündigung beginnt, dass von jetzt ab Friede und Krieg, Hass und Freundschaft in der Natur, Sympathie und Antipathie zur Sprache kommen sollen; und je weiter Plinius schreibt, um so seltener und schwächlicher werden seine Anläufe zur Kritik, um so überzeugter wird er von all dem Aberglauben, den ihm seine Quellen, Demokrit und die Magier, Ärzte, Wunderdoktoren und sogar schriftstellernde Hebammen, wie die Salpe und andere (obstetricum nobilitas 28, 67) liefern*), um so bewundernder spricht er von den Wirkungen der Sympathie und Antipathie (siehe die schon angeführten Stellen 20, 1. 24, 85. 37, 59). Zu einem förmlichen Ausbruch der Begeisterung kommt es im Eingang des 32sten Buches, das die Arzneimittel von Wassertieren behandelt. „Wir sind, sagt er, nunmehr stufenweise fortschreitend bei den höchsten Leistungen der Natur angelangt, und da begegnet uns sogleich ein überwältigender Beweis für das Vorhandensein einer verborgenen Naturkraft (immensum potentiae occultae documentum), dass man keinen gleich starken mehr finden kann, indem die Natur sich selbst bezwingt, und zwar auf verschiedene Arten. Denn was ist gewaltiger als Meer und Winde und Wirbelstürme und Orkane, und giebt es eine stärkere Unterstützung der Naturkräfte durch die menschlichen Scharfsinn, als durch Segel und Ruder? dazu nehme man noch die Wirkung der Meeresströmungen: aber all diese Kräfte enthält ein einziger, und überdies ganz kleiner Fisch in sich, die sog. Echeneis. Mögen die Winde rasen, die Stürme wüten, er gebietet ihrem Toben, er überwältigt diese gewaltigen Kräfte und zwingt die Schiffe zum Stillstehen, was kein noch so schwerer Anker, kein noch so starkes Tau vermöchte; er zügelt das Ungestüm, er bändigt die Raserei der ihn umgebenden Welt, ohne alle Anstrengung, ohne Entgegenstemmen, einzig und allein dadurch, dass er sich anhängt." In der Seeschlacht von Aktium soll er das Admiralschiff des Antonius festgehalten haben, so dass dieser seinen Pflichten als Oberfeldherr nicht nachkommen konnte, und aus seiner eigenen Zeit weiss Plinius zu berichten, dass dieses Fischlein das Schiff des Kaisers Caligula auf der Fahrt von Astura nach Antium aufgehalten habe. Das erzählt Plinius, der damalige Admiral der römischen Flotte. Die Kraft, durch welche der „Schiffshalter" dies zu Stande bringt, wird ausdrücklich als Antipathie bezeichnet im Inhaltsverzeichnis zum 32ten Buch: summa naturae vis in antipathia. de echeneide.

Übrigens braucht Plinius die griechischen Ausdrücke verhältnismässig selten. Ausser den schon früher behandelten Stellen sind noch zu erwähnen 24, 67: die Antipathie der Tamariske gegen die Milz (antipathia tamaricis contra lienem) sei so wunderbar, das man sage, bei Schweinen, die aus einem Trog von Tamariskenholz

*) Im 28ten Buch heisst es bei solchen Dingen wiederholt: manifestum est, facile est experimento, § 36; hoc approbatur ibid.; certa experimenta sunt § 56 u. s. w.

fressen, schwinde die Milz vollständig; daher man auch milzkranken Menschen ihr Essen und Trinken in Gefässen von Tamariskenholz vorsetze.

28, 84: Es sei allgemein angenommen, dass, wenn auf den Biss eines Hundes Wasserscheu eintrete, diese aufhöre, sobald man das Trinkgefäss auf einen blutgetränkten Lappen stelle, videlicet praevalente sympathia illa Graecorum, cum rabiem canum eius sanguinis gustatu incipere dixerimus. (Hier ist sympathia als der allgemeinere Begriff statt des spezielleren antipathia gesetzt.)

28, 147: Frisches Stierblut sei giftig, ausgenommen in Aegira, wo die Priesterin der Erde, um zu weissagen, Stierblut trinke, ehe sie in die Höhle hinabsteige: tantum potest sympathia illa, de qua loquimur, ut aliquando religione aut loco fiat; d. h. dass sie einem religiösen Gebrauche zu lieb oder an einer bestimmten Örtlichkeit wirkt.

32, 18: Nicht zu den kleinsten Wundern gehöre, dass an manchen Orten die Fische bitter schmecken, an anderen so salzig, dass sie für Pökelware gelten können, wie z. B. bei Paros und an den Felsen von Delos, während sie im Hafen dieser Insel süss schmecken; diese Differenz komme offenbar von ihrer Nahrung her; dazu hat er aber im Index die Bemerkung: esse et locorum sympathiam et antipathiam (vgl. oben die Geschichte von der Persea 15, 45 und was 16, 134 gesagt ist; ausserdem die ersten 15 Kapitel der Historia mirabilis des Antigonos von Karystos).

32, 25. Quod ad repugnantiam rerum attinet, quam Graeci antipathiam vocant, nihil est usquam venenatius, quam in mari pastinaca (der Stachelroche), utpote cum radio (Stachel) eius arbores necari dixerimus (9, 155). Hanc tamen persequitur galeos (eine gefleckte Haifischart), idem et alios quidem pisces, sed pastinacas praecipue, sicut in terra mustela serpentes, — tanta est aviditas ipsius veneni —, percussis vero ab ea medentur et hi quidem et mullus et laser. Hier haben wir eine doppelte Antipathie, erstens zwischen Baum und Stachelroche, und wiederum zwischen Stachelroche und Galeos.

Nachdem § 34, 147 die concordia magnetis, quam habet cum ferro, d. h. die Sympathie von Magnet und Eisen erwähnt ist, heisst es § 149 f.: Ferrum a robigine vindicatur cerussa et gypso et liquida pice: haec est ferro a Graecis antipathia dicta. Bleiweiss, Gips und Teer sind für das Eisen, was die Griechen Antipathie nennen, indem sie das Rosten verhindern.

Viel häufiger als der griechischen Ausdrücke bedient sich Plinius der lateinischen: an der Stelle der von Cicero gebrauchten cognatio naturalis*), concentus, consensus, contagio naturae etc. setzt er für Sympathie concordia z. B. 24, 3; concordiae exempla 9, 186; concordia magnetis, quam habet cum ferro 34, 147; amicitia 10, 203; concordat amicitia harundinis et corrudae 16, 173; für Antipathie discordia 8, 34; repugnantia naturae

---

*) Plin. 2, 95 findet sich cognatio cum homine siderum in einem mehr allgemeinen Sinne.

oder rerum 22, 106 u. 32, 25; discordiae et concordiae miracula 24, 1; concordia naturae et repugnantia 22, 106; concordia rerum et repugnantia 29, 61; inimicitiarum et concordiae miracula 9, 185; bella amicitiaeque 10, 203; pax secum aut bellum naturae 20, 1; odia amicitiaque ibid.; für Antipathie, welche auch hier eine grössere Rolle spielt, als die Sympathie, noch insbesondere dissociatio corporum 7, 57; dissidentia rerum 29, 76; odium naturale 8, 68; maximum 19, 87; pertinax 24, 1 und odia pernicialia ibid.; bellum internecivum 8, 88; magna adversitas 11, 90; gewisse Antipathien werden auch als venena bezeichnet, so 24, 3 und venena venenorum 20, 131. Dazu kommt für die Verba σγμπά-τχειν, σγμπαθείν und άντιπάτχειν, άντιπαθείν, sowie für die Adjektive σγμπαθής und άντι-παθής eine grosse Zahl von Ausdrücken, bei welchen die anziehende oder abstossende, fördernde oder hemmende Wirkung mehr oder weniger stark hervortritt: amicum esse 10, 207; concordem esse 9, 185; diligere 19, 65; congruere 19, 160; placere 16, 173; dissidere 10, 203. 24, 1. 37, 61; averti, recedere, fugere 17, 239. 28, 89. 29, 68; refugere 19, 65 f.; odisse ibid. und 16, 76; refragari 19, 127; besonders häufig resistere und adversari; adversum, contrarium, inimicum, invisum esse; arcere 24, 116. 27, 52; fugare 24, 1; domare 29, 78; expugnare, resolvere u. s. w.; ferner efficacem esse contra; valere, pollere, vim habere contra oder adversus, adiuvare, auxiliari, opitulari, prodesse contra und ähnliche; häufig auch schlechtweg sanare und mederi.

Für die Hauptformen der sympathetischen Behandlung, wie sie das fragm. Nepualii in der Einleitung nennt (ἐπψδαί, περίαπτα und περίχριστα), hat er die Ausdrücke carmen, incantamenta carminum, precationes, deprecationes, z. B. deprecationes incendiorum 28, 19; defigi divis deprecationibus nemo non metuit ibid.; für Bestreichen und Einreiben illinere, inungere, perungere; für das am häufigsten angewandte Auf- oder Anbinden ist das gewöhnliche Wort adálligare; daneben alligare, illigare, circumligare; auch circumdare, applicare, imponere, apponere. Das Wort amuletum hat noch nicht die spezielle Bedeutung eines Anhängsels (περίαμμα oder περίαπτον), das am·Hals oder einem anderen Körperteil getragen wird, sondern die allgemeine eines Schutzmittels, φολακτήριον oder άλεξητήριον, gegen schädigende Einflüsse aller Art, besonders gegen die „mala medicamenta oder veneficia, d. h. gegen schädlichen Zauber. So wird Anspucken, Annageln eines Tiers, Räuchern des Hauses, Bespritzen der Wände mit Blut u. s. w. als Amulet bezeichnet. 28, 38: Inter amuleta est inspuere in calciamentum dextri pedis, priusquam induatur. 29, 83: Vespertilionem, si ter circumlatus domui vivus per fenestram inverso capite infigatur, amuletum esse. 30, 82 (diese Stelle fehlt wie so manches in den Indices von Sillig): Fel canis nigri masculi amuletum esse dicunt Magi domus totius suffitae eo purificataeque contra omnia mala medicamenta, item sanguinem canis respersis parietibus etc. Die übrigen Stellen, wo das Wort vorkommt, 23, 30; 25, 115; 29, 66; 30, 138 und 37, 51 lauten weniger bestimmt.

Plinius rechnet die sympathetischen Mittel zu den einfachen und leicht zu beschaffenden, simplicia und parabilia, griechisch ἁπλᾶ καὶ εὐπόριστα, im Gegensatz zu den σύνθετα, den künstlichen und teuren mixturae und compositiones der Apotheker. In der mehrfach angezogenen Hauptstelle über Sympathie und Antipathie, 24, 1 ff. fährt er nach Aufzählung einer Reihe von Beispielen, § 4 fort: Hinc nata medicina. Haec sola naturae placuerat esse remedia parata vulgo, inventu facilia ac sine impendio ac quibus vivimus. Postea fraudes hominum et ingeniorum capturae officinas invenere istas, in quibus sua cuique homini venalis promittitur vita. Statim compositiones et mixturae inexplicabiles decantantur, Arabia atque India in medio aestimantur, ulcerique parvo medicina a Rubro mari importatur, cum remedia vera pauperrimus quisque cenet*).

Ähnlich spricht er sich über die vom Menschen oder Tier genommenen Mittel aus 28, 1. 22, 106 sagt er von dem Saft des Silphiums (laser e silphio profluens), nachdem er § 101—105 eine Menge von Wirkungen desselben aufgezählt: quas habeat utilitates admixtum aliis, immensum est referre, et nos simplicia tractamus, quoniam in his naturam esse apparet, in illis coniecturam saepius fallacem, nulli satis custodita in mixturis concordia naturae ac repugnantia. Diese Stelle ist besonders von Wert für die Entstehung des Begriffes von Physicum im Sinne eines sympathetischen Mittels. § 32, 6 endlich knüpft er an die fabelhafte Wirkung der Echeneis die Betrachtung an: quis ab hoc tenendi navigia exemplo de ulla potentia naturae vique et effectu in remediis sponte nascentium rerum dubitet? Noch bei Alexander von Tralles περὶ ἀλωπεκίας c. 1 erscheinen Mittel wie Igelasche, Froschasche u. dergl. unter den ἁπλᾶ βοηθήματα.

Wie Aelius Promotus auf seine Sammlung medizinischer Rezepte, das Δυναμιδὸν als einen „δεύτερος πλοῦς", d. h. als einen stärkeren Versuch, seine Φυσικά καὶ Ἀντιπαθητικά, eine Sammlung von Mitteln, welche φυσικῶς καὶ ἀφράστῳ τινὶ αἰτίᾳ καὶ δυνάμει wirken, folgen lässt, ebenso betrachtet auch Plinius die sympathetischen Mittel als eine Ergänzung der wissenschaftlichen Medizin, der von Hippokrates erfundenen „medicina clinice"**). Am deutlichsten zeigt sich diese Anschauung bei Besprechung der Fiebermittel 30, 98: In quartanis medicina clinice propemodum nihil pollet. Quamobrem plura eorum remedia ponemus, primumque ea quae adalligari iubent: pulverem, in quo se accipiter volutaverit, lino rutilo in linteolo, canis nigri dentem longissimum etc.

---

*) Wie hier gegen die Apotheken, so wendet er sich anderwärts gegen die Ärzte, 29, 18: Medici discunt periculis nostris et experimenta per mortes agunt, medicoque tantum hominem occidisse impunitas summa est. Quin immo transit convicium et intemperantia culpatur ultroque, qui periere, arguuntur etc. Von den griechischen Ärzten wiederholt er den Ausspruch des alten Cato: iurarunt inter se barbaros necare omnes medicina, et hoc ipsum mercede faciunt. 29, 14.

**) 29, 4. Hippocrates genitus in insula Coo traditur instituisse medicinam hanc, quae clinice vocatur.

So oft und so lebhaft er aber seine Bewunderung über die Macht der Sympathie, diese summa vis naturae, und ihre unglaublichen Wirkungen ausdrückt, so selten findet sich eine Andeutung darüber, wie er glaubt, dass dieselben zu stande kommen. Wo er überhaupt darauf zu sprechen kommt, nimmt er eine Wirkung durch den Geruch (odor, sapor) oder die Ausdünstung (aura) an, oder durch ein von dem wirkenden Gegenstand ausgehendes virus, was man etwa mit Fluidum wiedergeben könnte. Vgl. 17, 239, wo die Antipathie des Weinstocks gegen Rettich und Lorbeer erörtert wird. Manche Gewächse, sagt Plinius, töten die Bäume, so der Epheu, die Mistel: quorundam natura non necat quidem, sed laedit odore aut suci mixtura, ut raphanus et laurus. Olfactatrix enim intellegitur (sc. vitis) et tingui odore mirum in modum; ideo cum iuxta sit, averti et recedere saporemque inimicum fugere. 32, 7 wird der Zitterroche, torpedo*), besprochen, welcher sogar aus der Ferne, wenn er nur mit einem Spiess oder einem Stecken berührt werde, die stärksten Arme zu lähmen, die schnellsten Füsse fest zu bannen vermöge: quodsi necesse habemus fateri hoc exemplo, esse vim aliquam, quae odore tantum et quadam aura corporis sui afficiat membra, quid non de remediorum omnium momentis sperandum est? 34, 147: vom Magnetstein und seiner Sympathie mit dem Eisen werde später (36, 126 f.) noch eingehender die Rede sein: sola haec materia virus ab eo lapide accipit retinetque longo tempore, aliud apprehendens ferrum. Im Übrigen aber begnügt sich Plinius mit der Anerkennung der wirklichen oder vermeintlichen Thatsachen. Wie Aelius Promotus von den φυσικῶς ἐνεργοῦντα καὶ ἀρρήστῳ τινὶ αἰτίᾳ καὶ δυνάμει ἄρωντα spricht, oder das fragmentum Democr. § 40 bemerkt: ᾧ λόγῳ δὲ ταῦτα πέφυκεν ἀντιπαθεῖν, πρὸς ἀκρίβειαν οὐκ ἄν τις ἐκφράσαις, so ruft auch er in der Stelle, wo er die Antipathie von Bocksblut und Diamant so bewundernd erwähnt, 37, 60: Numinum profecto talis inventio est et hoc munus omne, nec quaerenda ratio in ulla parte naturae, sed voluntas.

Bei der grossen Verbreitung, welche die Naturgeschichte des Plinius teils durch Abschriften des ganzen Werks, teils in Auszügen (z. B. Solinus und die Medicina Plinii) im Mittelalter gefunden hat, und durch das ausserordentliche Ansehen, das er bis in die neuere Zeit herab genoss, ist er auch Hauptvermittler des antiken Glaubens für die Nachwelt geworden**); manchen seiner sympathetischen Mittel begegnen wir, nicht oder nur

---

*) Diesen torpedo hat die antike Medizin zu verwenden gesucht. Scribonius Larg. c. 162 sagt, wenn die Podagraschmerzen kommen, solle der Geplagte am feuchten Meeresstrande so lange auf einen lebenden Zitterrochen stehen, bis die Füsse und die Beine bis ans Knie gefühllos seien (torpere); das nehme nicht bloss den augenblicklichen Schmerz, sondern helfe auch für die Zukunft. Auf diese Weise sei Anteros, der Freigelassene des Tiberius, geheilt worden. Ein primitiver Versuch der Elektrotherapie.

**) Man sehe z. B. was Ennemoser, Gesch. der Magie, Leipzig 1844, S. 929 ff. aus dem Magnes sive de arte magnetica des berühmten Jesuiten Athanasius Kircher mitteilt.

wenig verändert, heute noch *). Gegenüber der Fülle dessen, was er bietet, namentlich in den Büchern 28—30, 32 und 37, tritt alles Übrige, die oben angeführten Traktate eingeschlossen, weit zurück.

Dass aber auch nach Plinius das Interesse an dieser Lehre in den gebildeten Kreisen nicht im geringsten abgenommen hat, das kann man aus manchen Schriften Plutarchs erkennen. Dieser vertritt bekanntlich einen mit neupythagoreischen Sätzen vermischten Platonismus, während er den Stoizismus und Epikureismus bekämpft. Von diesem Standpunkt aus hat er auch Anlass genommen, sich mit der Lehre von Sympathie und Antipathie auseinander zu setzen; das geschieht vornehmlich in den Tischgesprächen Συμποσιακά oder Quaest. convivales. Im siebenten Problem des zweiten Buchs desselben begegnet man wieder der Geschichte von der Echeneis: ein Tischgast Chaeremonianos erzählt, wie im sizilischen Meere das Schiff, auf dem er fuhr, aufgehalten worden sei, bis endlich das Fischlein, das sich an die Schiffswand aussen angeklammert gehabt habe, von einem der Seeleute gefangen worden sei. „Da waren nun etliche, fährt Plutarch fort, welche den Erzähler auslachten, dass er sich ein Märchen habe aufbinden lassen; es waren aber auch andere da, welche von den Antipathien schwatzten **), und man bekam noch viel anderes dergleichen zu hören, dass ein wütender Elefant durch den Anblick eines Widders gebändigt, die Natter durch Berührung mit einem Eichenzweig zum Halten gebracht, ein wilder Stier durch Anbinden an einen Feigenbaum vollständig beruhigt werde; dass der Bernstein alle leichten Gegenstände bewege und anziehe, ausgenommen das Basilienkraut (ὤκιμον) und was mit Öl benetzt sei; dass endlich der Magnet (ἡ σιδη-ρῖτις λίθος) das Eisen nicht anziehe, wenn man ihn mit Knoblauch bestreiche ***). Diese

---

*) Ich erinnere, um nur ein paar ganz bekannte Dinge anzuführen, an die Springwurzel und die weisse Schlange, die oben erwähnt wurden. Das Auflegen von Hundshaaren gegen Kopfweh findet sich 29, 114; die Verwendung von fimum gallinaceum recens zur Hervorrufung von Haaren auf kahlen Stellen 29, 109. Das Warzenmittel 22, 149: verrucarum in omni genere prima luna singulis granis ciceris singulas tangunt, eaque grana in linteolo deligata post se abiciunt, ita fugari vitium arbitrantes (ebenso Dioscur. Mat med. 2, 126), trifft man genau so in der „Bibliothek der Zauber-, Geheimnis- und Offenbarungsbücher", herausgegeben von Scheible, Stuttg. 1851. Fünfzehnte Abteilung: Die sympathetisch-magnetische Heilkunde Seite 210. Das Mittel gegen Lungenleiden, welches Plinius 30, 42 giebt: si catulus lactens admoveatur apprimaturque his partibus, transire in eum dicitur morbus, und auch Scheible a. a. O. Seite 171 erwähnt, habe ich vor einigen Jahren wörtlich so von einem Gläubigen anpreisen hören. Der eingehende Nachweis der sympathetischen Mittel, welche das Mittelalter und die Neuzeit aus Plinius und anderen antiken Schrift-stellern genommen hat, fällt ausserhalb des Rahmens dieser Abhandlung.

**) ἦσαν μὲν οὖν οἱ καταγελῶντες τοῦ Χαιρημονιανοῦ ὡς πλάσμα μυθῶδες παραδεδεγμένου καὶ ἄπιστον, ἦσαν δὲ καὶ οἱ τὰς ἀντιπαθείας θρυλοῦντες etc.

***) Für diesen — übrigens irrigen — Glauben hat Aug. Schmidt im Korrespondenzblatt für Württemberg, Jahrg. 1887 S. 422 eine geistreiche Erklärung beigebracht, wofür sich jedoch in den Schriften der Alten keine Anhaltspunkte finden lassen.

Dinge seien alle „probat" (ἐμφανὴ τὴν πεῖραν ἔχοντα), aber es sei schwer, wenn nicht ganz und gar unmöglich, den Grund davon aufzufinden."

Mit οἱ τὰς ἀντιπαθείας θρυλοῦντες meint Plutarch offenbar die auch sonst von ihm bekämpften Stoiker. Er bestreitet die Thatsachen an und für sich nicht, sucht aber die Erklärung darin, dass oft die begleitenden Nebenumstände, die συμπτώματα ἐνόντα πάθεσιν, irrtümlicher Weise für die wirkenden Ursachen genommen werden, wie wenn man sage „ἦ τ' ἄγνος ἄνθει χὠ βότρυς πεπαίνεται", das Blühen des Keuschlamms (agnus castus) nicht die Ursache der Traubenreife sei; vielmehr sei ἕκαστον τούτων ἐπακολούθημα τοῦ πάθους, ἐκ τῶν αὐτῶν γινώμενον αἰτιῶν. Für die Geschichte mit der Echeneis selbst giebt er die ganz vernünftige natürliche Erklärung, die Hemmung des Schiffes sei bewirkt worden durch die Bedeckung des Schiffskörpers mit Moos und Seegras, an welche sich der Fisch leicht anhänge, und dann fälschlich als Ursache der Hemmung angesehen werde.

Eine andere Erklärungsweise durch Annahme von Ausströmungen, ῥεύματα, ἀπορροαί, und Ausdünstungen findet sich in den folgenden Stellen: Qu. conv. 3, 1 kommt ein anderer Tischgast, Tryphon, auf Gott Dionysos „den Arzt" zu sprechen, der nicht nur den Wein, die kräftigste und angenehmste Arznei, erfunden, sondern auch den Epheu zu Ehren gebracht habe, welcher dem Wein am stärksten entgegenwirke, indem er vermittelst seiner Kälte die berauschende Kraft des Weines aufhebe. Überhaupt, so fährt er fort, zeigen auch manche Benennungen das Interesse der Alten für derlei Antipathien; der Nussbaum mache schweren Kopf (κάρυα καρόω), die Narzisse betäube (ὁ νάρκισσος νάρκοι), und die Raute mache unbeweglich (τὸ πήγανον πήγνυσι)[*]. Dagegen sei die Meinung, die Pflanze Amethyst und der gleichnamige Edelstein schützen gegen Berauschung, eine irrtümliche; vielmehr hätten Pflanze und Edelstein die Farbe gewässerten Weins, und daher ihren Namen. Im weiteren wird die tödliche Wirkung des Eibenbaums zur Blütezeit auf die darunter Schlafenden mit der Ausdünstung desselben, ἀποφορά, erklärt; ebenso die Wirkung des Mohns auf die Opiumsammler und die des Krautes Alyssum, das in der Hand gehalten, oder auch nur angesehen, das Schlucken heilt. Dies alles ist dem Tryphon in den Mund gelegt.

---

[*] δηλοῖ καὶ τῶν ὀνομάτων ἔνια τὴν περὶ ταῦτα πολυπραγμοσύνην τῶν παλαιῶν · τὴν τε γὰρ καρύαν οὕτως ὠνόμασαν, ὅτι πνεῦμα βαρὺ etc. Die Stelle giebt hübsche Belege für den etymologischen Aberglauben, dem man auch sonst vielfach begegnet: z. B. Plin. 25, 72: die Lysimachia stiftet Frieden, λύει μάχην; 20, 116 herpes animal, quo praecipue sanantur, quaecumque serpunt; 37, 162 der Edelstein galaxias; 27, 69 die Knochenbrüche heilende Pflanze conferva; besonders lehrreich sind Fälle, wo in griechischen Namen eine lateinische Wortbedeutung gesucht wird, z. B. 26, 92 panos (Geschwüre) sanat panaces (= πάνακες), oder holcus (eine Grasart) educit e corpore aristas; quidam ob id aristida -- ἀριστίδα — vocant, u. a. m. Auch die Echeneisfabel ist wohl aus falscher Deutung des Wortes hervorgegangen; es ist der Fisch, der sich am Schiff halt, nicht der das Schiff hält, wie der Stein galaxias wegen seiner Farbe so genannt wurde, nicht weil er nutricibus lactis fecunda est.

Im roten Problem des 3ten Buches, wo die Frage aufgeworfen wird, warum das Fleisch bei Mondschein rascher übergehe als bei Sonnenschein, erklärt Plutarch selbst diese sowie andere Wirkungen des Mondes aus den eigentümlichen Ausströmungen desselben: ἡ σελήνη οὐ δι' ἔνδειαν ἀλέας καὶ ἀσθένειαν εἰς σῆψιν ἄγει τὰ νεκρὰ τῶν σωμάτων, ἀλλὰ ἰδιότητα μᾶλλον αἰτιατέον τοῦ φερομένου ῥεύματος ἀπ' αὐτῆς — καὶ τὴν σελήνην τοῦ ἡλίου διαφέρειν, τοῦ μὲν ξηραντικά, τῆς δὲ χαλαστικὰ καὶ κινητικὰ τῶν ἐν τοῖς σώμασιν ὑγρῶν ἀφιείσης ῥεύματα; das sei auch der Grund, warum die Ammen die kleinen Kinder dem Mond nicht zeigen, weil diese voller Feuchtigkeit seien, wie grünes Holz: πλήρη γὰρ ὑγρότητος ὄντα, καθάπερ τὰ χλωρὰ τῶν ξύλων, σπᾶται καὶ διαστρέφεται. Überhaupt lege alles dafür Zeugnis ab, dass das Mondlicht eine δύναμις ἔχαν ὑγραντικὴ καὶ μαλακτικὴ habe; wenn die Jäger in ein zu versendendes Stück Wild einen ehernen Nagel als antiseptisches Mittel (ὡς βοηθοῦντα πρὸς τὴν σῆψιν) einschlagen, so beruhe die Wirkung auf der adstringierenden Kraft des Grünspans.

Das 2te Problem des 4ten Buchs behandelt die Frage, διὰ τί τὰ ὕδνα (die Trüffeln) δοκεῖ τῇ βροντῇ γίγνεσθαι; der Tischgenosse Agemachos verficht diesen Volksglauben als richtig; das θαυμαστόν sei nicht notwendig zugleich ἄπιστον; es gebe noch viel andere Dinge, deren Ursachen sich schwer oder gar nicht angeben lassen, und die doch Thatsachen seien; so werde eben dieses verspottete und sprichwörtlich gewordene Knollengewächs (d. h. die Trüffel) nicht wegen seiner Kleinheit vom Blitze verschont, sondern weil es eine dem Blitz antipathische Kraft, δύναμιν ἀντιπαθῆ, besitze, wie der Feigenbaum, das Seehundsfell und das Hyänenfell, womit die Seeleute die Segelenden einfassen.

Das 2te Problem des 7ten Buchs behandelt die von Plato und Theophrast erwähnten κεραύβολα, sowie eine Anzahl θαυμάσια aus Theophrast, und abergläubische Meinungen und Bräuche der Bauern und Jäger. Unter κεραύβολα verstand man die Fruchtkörner, welche beim Säen auf die Hörner der Stiere fielen, und eine ganz harte, nicht mahlbare Frucht geben sollten. Aus Theophrast wird u. a. angeführt, der Seehund verschlucke aus Neid sein Lab, wenn er gefangen werde, der Hirsch verscharre ebenso sein abgeworfenes Geweih; wenn eine einzige Ziege das Kraut Eryngion (Mannstreu) ins Maul nehme, so bleibe die ganze Herde stehen*); die Bauern wenden den Hagelschlag durch Maulwurfsblut ab; der Kümmel werde unter Verwünschungen gesät u. dergl. mehr.

Besonderes Interesse bietet das 7te Problem des 5ten Buchs περὶ τῶν βασκαίνειν

---

*) Diese Sage, welche auf das unechte 9te Buch v. Aristot. Tiergeschichte, cap. 3, zurückgeht, erwähnt Plut. noch an zwei weiteren Stellen, in der Schrift cum principibus maxime philosopho esse disserendum cap. 1 und de sera numinis vindicta cap. 14, wo er die Bemerkung anknüpft: ἄλλαι τε δυνάμεις ἀφὰς ἔχουσαι καὶ διαδόσεις ἀπίστοις ὀξύτησι καὶ μήκεσι δι' ἑτέρων εἰς ἕτερα περαίνουσι.

λεγομένων, d. h. vom bösen Blick *), der auch zu den antipathischen Wirkungen gerechnet wird. Als die Rede bei den Gästen darauf kommt, lachen fast alle darüber. Der Wirt Mestrius Florus aber nimmt sich dieses Glaubens in längerer Rede lebhaft an: Die Thatsachen kommen dieser Sage in wunderbarer Weise zu Hilfe; es gebe noch tausend andere Dinge, die zweifellos existieren und doch sich nicht erklären lassen; das Dass müsse man auf Grund dessen, was berichtet werde, hinnehmen, das Warum sei dann Gegenstand der verstandesmässigen Untersuchung. Berichtet aber werde vieles vom bösen Blick (ὀφθαλμὸς βάσκανος). Wir wissen z. B. dass besonders Kinder durch das Ansehen geschädigt werden (γιγνώσκομεν ἀνθρώπους τῷ καταβλέπειν τὰ παιδία μάλιστα βλάπτοντας); ferner werde berichtet, dass ein ganzes Volk am Pontus, die Thibier (Θίβιοι, Thibii bei Plin. 7, 17) durch den Blick nicht bloss Kindern, sondern auch Erwachsenen schädlich sei u. s. w.; er schliesst mit dem Satze: dass durch den Blick Schaden zugefügt wird, ist eine Thatsache, wie ich gesagt habe; man misstraut ihr aber, weil der Grund schwer zu ermitteln ist. Plutarch selbst nimmt die Thatsache als erwiesen an und sucht sie zu erklären durch ἀπορροαὶ τῶν σωμάτων, durch welche er auch quaest. Platon. 3, 7, 7 die Wirkung des Magnets erklärt, trotzdem er damit den Lehren des von ihm bekämpften Epikureismus bedenklich nahe kommt. Gleichwie Geruch, Stimme, Atem Ausströmungen des Körpers seien, kleine sich von ihm loslösende Teilchen, welche auf die Empfindungen derer einwirken, mit denen sie in Berührung kommen, so müsse das vor allem beim Auge zutreffen, dessen Wirkung auf andere ja so ausserordentlich sei; das sehe man z. B. an den Blicken („ἀντιβλέψεις") der Verliebten, aber auch an dem Vogel χαραδριός, dessen Anblick die Gelbsucht (ἴκτερος) heile **). Was er über die Heilkraft dieses Vogels sagt, ist ganz besonders bezeichnend für die Anschauungen Plutarchs: ἐμβλέποντες τῷ χαραδριῷ θεραπεύονται· ταύτην ἔοικε τὸ ζῷον φύσιν καὶ κρᾶσιν ἔχειν, ὥσθ' ἕλκεσθαι καὶ δέχεσθαι τὸ πάθος, ἐκπίπτον ὥσπερ ῥεῦμα διὰ τῆς ὄψεως (d. h. aus dem Auge des Kranken); ὅθεν οἱ προβλέπουσιν οἱ χαραδριοὶ τοὺς τὸν ἴκτερον ἔχοντας, ἀλλὰ ἀποστρέφονται καὶ τὰ ὄμματα συγκλείσαντες ἔχουσιν, οὐ φθονοῦντες, ὡς ἔνιοι νομίζουσι, τῆς ἐξ αὐτῶν ἰάσεως, ἀλλ' ὥσπερ ὑπὸ πληγῆς τιτρωσκόμενα. Es überträgt also der Gelbsüchtige durch die ἀπορροαὶ

---

*) Vgl. die bekannte Abhandlung von Otto Jahn über den Aberglauben des bösen Blicks bei den Alten, in den Berichten der sächsischen Gesellschaft der Wissenschaften, Phil.-hist. Klasse 1855, S. 28 ff. Dazu P. Bienkowski, Malocchio im Eranos Vindobonensis, Wien 1893, S. 285—303.

**) Diese Fabel vom Charadrios oder Ikterus ist weit verbreitet. Plinius 30, 94 sagt: Avis icterus vocatur a colore, quae si spectetur, sanari id malum tradunt et avem mori. Hanc puto Latine vocari galgulum. Gewöhnlich wird unter diesem Vogel der Goldregenpfeifer (Charadrius pluvialis, L.) verstanden; nach anderen wäre die Goldammer (Emberiza citrinella) gemeint, welcher auch in den neueren Sympathiebüchern diese Rolle zukommt, jedenfalls ein gelber Vogel, wie denn auch unter den vielen Mitteln, welche Plinius gegen die Gelbsucht angiebt, eine Henne mit gelben Füssen aufgeführt wird (gallina, si sit luteis pedibus 30, 93), und das chrysolachanum (27, 66), das „Goldkraut", dessen Anblick ebenfalls Gelbsucht heilen soll.

seines Körpers aus dem Auge seine Krankheit auf das besonders dafür prädisponierte
Tier; dieses bekommt die Krankheit und stirbt daran, während der Kranke gesund wird;
sanari malum et avem mori sagt Plinius. Hier haben wir den Glauben an die Heilung
von Krankheiten durch Übertragung auf einen anderen Organismus, welcher daran zu
Grunde geht, indes der Kranke geheilt wird. Diese Anschauung erwähnt Plinius öfters,
gewöhnlich mit dem Ausdruck transit morbus; z. B. 22, 71: Quidam aiunt, si imposita
radice asphodeli pars eius in fumo suspendatur, quartoque die solvatur, una cum radice
arescere strumam. 28, 155: Si quis asino in aurem percussum a scorpione se dicat,
transire malum protinus dicunt. 30, 39: Alii vermes terrenos totidem, quot sint strumae,
adalligant, pariterque cum his arescunt. 30, 61 gegen tormina: anate imposita ventri
transire morbum anatemque emori. 30, 64 geht dasselbe Leiden auf einen jungen Hund
über, wie die Schwindsucht 30, 42 u. s. w.*)

An dieser Erörterung Plutarchs über den bösen Blick ist noch besonders bemerkenswert, dass die Wirkung desselben auch ohne, sogar gegen den Willen des damit Be-
hafteten eintritt, weshalb manche Väter nicht einmal ihre eigenen kleinen Kinder ansehen
dürfen, und dass der böse Blick nicht immer vom Neide herkommt. Die Vorstellung,
dass der Inhaber des bösen Blicks keineswegs ein böser Mensch sein muss, ist mir selber
in Italien begegnet. Mittelst der ἀπορροαί oder ἀπόρροιαι erklärt Plutarch, quaest. Platonicae
7, 7, 7 auch die Wirkung des Magnets: ἡ λίθος τινὰς ἀπορροίας ἐξίησιν ἐμβριθεῖς καὶ
πνευματώδεις, αἷς ὁ συνεχὴς ἀναστελλόμενος ἀὴρ ὠθεῖ τὸν πρὸ αὐτοῦ · κἀκεῖνος ἐν κύκλῳ
περιιὼν καὶ ὑπονοστῶν αὖθις ἐπὶ τὴν κενουμένην χώραν ἀποβιάζεται καὶ συνεφέλκεται τὸν
σίδηρον. Dass auch die Sympathiebücher diese Erklärungsweise nicht ablehnten, zeigt trotz
der Textverderbnis die Stelle in der Einleitung des Fragm. Demoer. ὅκόσα κατὰ ἀντιπάθειαν
καὶ κατὰ ἀπόρροιαν ξυμπαθεῖ καὶ ἀντιπαθεῖ. Auch sonst erwähnt Plutarch einzelne Sympathien oder Antipathien, z B. qu. conv 1, 6, 4. 2, 3, 2; namentlich kommt er in der

*) Es ist dies dasselbe, was bei Neueren Transplantation genannt wird, welche bei den sym-
pathetischen Kuren eine Hauptrolle spielt. Siehe Ennemoser a. a. O. S. 894: „Paracelsus sagt, dass in der
Mumie oder dem sog. Magneten alle körperlichen Kräfte liegen, und dass eine kleine Dosis alles Homogene
aus dem ganzen Leibe an sich zieht. Man kann sich auf diese Art in der wunderbarsten Weise von den
allerunheilbarsten Krankheiten, Gicht, Podagra u. s. w. befreien, wenn man sich gleichsam zu einem Eisen
macht, das ist, wenn man einen kleinen Teil der verdorbenen Mumie einem anderen gesunden Menschen
beibringt. Dieser zieht sodann die Krankheit gänzlich, wie der Magnet das Eisen, an sich, und der erstere
wird gesund, der andere hingegen bekommt die Krankheit." Als mumiale Stoffe oder kurzweg Mumie
gehen die Auswurfstoffe, sodann Schweiss und Ausdünstung, Haare, Nägel und Zähne, Speichel, Blut und
Eiter, abgeschabte Hautteile, Ohrenschmalz, und endlich auch Atem und Blick (!). Die Transplantation
findet hauptsächlich statt auf Pflanzen und Tiere, auch Menschen, und zwar durch Einsäen, Einpflanzen,
Einlegen, Befeuchten, Einlässen (d. h. dadurch, dass man den mumialen Stoff einem Tiere zu fressen giebt).
Sie kann sowohl eine unmittelbare sein, durch Berührung, Auflegung, Anspucken, oder eine mittelbare,
durch Annäherung, Anhauchen, Anblicken. Näheres bei Scheible a. a. O. S. 97 ff.

8

kleinen Schrift de invidia et odio auf die natürlichen Antipathien zu sprechen; viele Menschen haben eine Abneigung gegen Katzen, Kröten, Schlangen, andere gegen Mäuse, wie die persischen Magier; Germanikus vertrug (wie später Wallenstein) das Krähen der Hähne nicht, ja nicht einmal ihren Anblick; ebenso bestehen solche Antipathien zwischen gewissen Tieren, so zwischen Löwe und Hahn, Elefant und Schwein, Adler und Schlange, Krähe und Eule u. s. w., und zwar so sehr, dass man sage, nicht einmal ihr Blut vermische sich.

Die angeführten Stellen beweisen zur Genüge, wie sehr diese Fragen Plutarch und seine Zeitgenossen beschäftigten; und wenn er auch die stoische Lehre von den Sympathien bekämpft, so erkennt er doch meistens diese sogenannten Thatsachen an, und sucht sie nur auf andere Weise zu erklären*).

Ganz anders der um etwa 80 Jahre jüngere Lucian, welcher sich mit vernichtendem Spott gegen die Hauptträger und die gröbsten Auswüchse dieser Lehre wendet, im Philopseudes. Der Lügenfreund ist ein angesehener, für sehr glaubwürdig geltender Philosoph, Namens Eukrates, derselbe, der später seine Erlebnisse als Zauberlehrling des Ägypters Pankrates erzählt. Er liegt gerade am Podagra krank und hat eine Anzahl Freunde zu Besuch, vornehmlich den Peripatetiker Kleodemos, den Stoiker Deinomachos, den Platoniker Ion, wozu später noch der Pythagoreer Arignotos kommt; ihnen steht fast als einziger Ungläubiger Tychiades gegenüber. Es wird nun für den Kranken ein sympathetisches Heilmittel in Vorschlag gebracht. Der Peripatetiker Kleodemos sagt, wenn man den Zahn einer getöteten Spitzmaus mit der linken Hand vom Boden aufnehme, ihn in ein frischabgezogenes Löwenfell einbinde und sich am Bein befestige, so höre sofort der Schmerz auf. Der Stoiker will es besser wissen: nicht in ein Löwenfell, sondern in die Haut einer jungen Hirschkuh müsse der Zahn eingebunden werden, denn die Hirschkuh sei viel schneller als der Löwe; dieser sei zwar sehr stark, und sein Fett, seine rechte Tatze und die Haare aus seinem Bart wirken grosses, wenn einer sie in Verbindung mit den zugehörigen Sprüchen zu verwenden verstehe (μετὰ τῆς οἰκείας ἐπῳδῆς ἑκάστῳ). Dagegen sei eine Heilwirkung auf die Füsse vom Löwen keineswegs zu erwarten. Der Peripatetiker erwidert, er sei früher auch dieser Ansicht gewesen wegen der Schnelligkeit des Hirsches; aber neuerdings habe ihn ein Afrikaner belehrt, dass der Löwe schneller sei als der Hirsch; denn der erstere fange den letzteren. Die Anwesenden zollen dem Sprecher lebhaft Beifall, nur der ungläubige Tychiades fragt, ob sie denn wirklich glauben, dass man mit solchen Sprüchlein (ἐπῳάτια) oder äusserlichen Angebinden (καρματήματα, προσαρτώμενα) die innen im Körper sitzende Krankheit austreiben

*) Plutarchs Quelle für die θαυμάσια ist, wie oben bemerkt, Alexander von Myndos.

könne; das würde nicht geschehen, und wenn einer sechzehn Spitzmäuse mit Haut und
Haaren in das Fell des nemeischen Löwen einbände; übrigens habe er schon oft Löwen
in ihrer eigenen Haut hinken gesehen. „Du bist ganz und gar ein Idiot, ruft ihm der
Stoiker entgegen, und hast dir nie die Mühe genommen, zu lernen, auf welche Weise
derartige Applikationen von aussen ihre Heilwirkung ausüben; du kennst, wie es scheint,
nicht einmal die bekanntesten Mittel, wie die Vertreibung periodischer Fieber, Schlangen-
beschwörung und anderes, was doch bereits die alten Weiber anwenden." Als Tychiades
hartnäckig bleibt und erklärt, so lange nicht die physische Möglichkeit solcher sympathetischer Heilungen nachgewiesen sei, dass z. B. das Fieber Angst habe und Reissaus
nehme vor einem göttlichen Namen oder einem unverständlichen Spruch (ὄνομα θειπίσιον
ἤ ῥῆσις βαρβαρική), so lange seien und bleiben das Altweibergeschichten, da spielt der
Stoiker seinen letzten Trumpf aus, indem er ihn des Atheismus bezüchtigt. Im weiteren
werden von Eukrates und seinen Gästen die unglaublichsten Wunder- und Geister-
geschichten um die Wette erzählt, wobei sich Platoniker, Peripatetiker, Pythagoreer und
Stoiker gleich abergläubisch zeigen.

Was Lucian giebt, ist ein Zerrbild, aber es bestätigt auch die Verzerrung, was
uns von anderer Seite her berichtet wird, dass mehr und mehr der krasseste Aberglaube
nicht bloss in den Kreisen der Gebildeten, sondern auch der philosophisch Gebildeten,
welche doch in erster Linie der abergläubischen Richtung ihrer Zeit entgegenzutreten
berufen waren, und in der Philosophie selbst, Boden gewonnen hat.

Im Neuplatonismus, der bald darauf, zu Anfang des dritten Jahrhunderts,
aufkam, machte bekanntlich der griechische Geist noch einmal den Versuch, durch
Zurückgreifen auf Plato und Aristoteles und zugleich durch Anpassung an den religiösen
Zug der Zeit eine befriedigende Weltanschauung aufzustellen, gegenüber dem Andrängen
orientalischer Religionen und des Christentums. Seine Stellung zur griechischen Volks-
religion ist eine ähnliche, wie die der Stoa; man suchte jetzt nur noch angelegent-
licher sie zu verteidigen, ihr womöglich tieferen Gedankengehalt einzuflössen und die
alten Kulte, die Mantik u. s. w. zu rechtfertigen. Aber auch, was das philosophische System
selbst betrifft, in der Lehre von Gott und Welt, näherte sich der Neuplatonismus der
Stoa, und so fand denn auch bei ihm die alte stoische Lehre von der συμπάθεια τῶν
ὅλων einen Platz. Nach Plotin, dem bedeutendsten Vertreter der neuen Richtung (204—269)
sind alle Teile des Weltalls, das ebenfalls als ἓν ζῷον bezeichnet wird (Plot. Ennead. ed.
Kirchhoff, XXVI, 64), durch ein ewiges Weltgesetz zu einer unauflöslichen harmonischen
Verwandtschaft, συμπάθεια oder ὁμοιοπάθεια mit einander und mit dem Ganzen verbunden.
Aber die Wirkung zwischen den einzelnen Teilen ist nicht mehr als eine physikalische,
durch materielle Zwischenursachen vermittelte gedacht, sondern wie Zeller Ph. d. Gr. III,
2, S. 558 zutreffend bemerkt, als eine unmittelbare Wirkung des Gleichartigen auf das

Gleichartige, als eine Wirkung in die Ferne, gerade so wie die Sympathie des Volksglaubens. Folgerichtig stellt denn auch Plotin die Sympathie geradezu der Magie gleich (Ennead, XXVI, 72) und glaubt, dass durch Kenntnis derselben auf einzelne Teile der Welt sympathetisch durch Stellungen, Gebete, Töne und Gesänge eingewirkt werden könne. Wegen des Näheren ist auf Zellers Darstellung des Neuplatonismus zu verweisen a. a. O. III, 2, 419 ff.

Gleichzeitig mit dem Aufkommen desselben entsteht eine Anzahl grosser Sammelwerke, des Athenäos Deipnosophisten, die Varia historia und de natura animalium von Aelian, die Κεστοί des Sextus Julius Afrikanus. Athenäos streift unser Gebiet nur gelegentlich und giebt nur allbekanntes, wie die Antipathie von Kohl und Weinstock 34 c und e, die Entstehung der Trüffeln durch den Donner 57 f, das Zunehmen von Gurken und Seeigeln bei Vollmond 74, c und 88 c. d; endlich die septische Wirkung des Mondlichts 276 d. Dagegen hat der Sophist Aelian aus Präneste, namentlich in seinen 17 Büchern περί ζώων oder de nat. anim. so viel zusammengetragen, dass er an Reichhaltigkeit zunächst nach Plinius einzureihen ist, an Kritiklosigkeit kommt er ihm gleich. Beispielshalber macht er 3, 23 zu der Erzählung des Alexander von Myndos, dass die Störche wegen ihrer Frömmigkeit und Elternliebe am Ende ihres Daseins auf gewissen Inseln des Okeanos in Menschen verwandelt werden, die Bemerkung: das scheine ihm keine Fabel zu sein, weil Alexander ja keinen Nutzen vom Lügen hätte und Lügen für einen anständigen Menschen sich nicht schicke. Und 13, 12 bringt er folgendes Jägerlatein: der männliche Hase werfe Junge, wie der weibliche; er habe das von einem Jägersmann gehört, der auch sonst ein braver Mann sei, so dass er nicht gelogen haben würde; darum habe er ihm geglaubt und erzähle hier die Geschichte.

Die eigentlichen Ausdrücke συμπάθεια und ἀντιπάθεια umgeht Aelian offenbar absichtlich, auch da wo er ganze Reihen von Sympathien und Antipathien aufzählt, wie 1, 35—38; 5, 48. 50; 6, 22. 45 f.; er spricht von ἀμωντήμια, ἀλεξιφάρμακα, von φιλία, πόλεμος; φίλον, ἐχθρόν, πολέμιον, ἀντίκαλον εἶναι; μισεῖν, ὁρμᾶσθιν, φοβεῖν; φίλα, ἔχθιστα νοεῖν u. dergl. 1, 35 schickt er den Satz voraus: βασκάνων ὀφθαλμοὺς καὶ γοήτων φυλάττεται καὶ τῶν ζώων τὰ ἄλογα, φύσει τινὶ ἀπορρήτῳ καὶ θαυμαστῇ· ἀκούω τῶν βασκανίας ἀμωντήμον etc. 10, 14 vergleicht er die anziehende Kraft, welche ein gewisser Knochen des Habichts auf Gold habe, mit der Kraft des Magnets: ἐὸ τοῦ ἱέρακος τῆς κνήμης ὀστοῦν εἰ χρυσίῳ παρατεθείη, ἕλκει τε αὐτὸ καὶ ἴυγγι ἀπορρήτῳ τινὶ πρὸς ἑαυτὸ ἄγει καὶ ἕπεσθαι θέλγει, ὥσπερ οὖν ἄζουσι τὸν Ἡρακλεώτην λίθον καταγοητεύειν πως τὸν σίδηρον. An Ciceros Ausdrücke für συμπάθεια erinnert 15, 17: φυσική ἥν τις κοινωνία καὶ συγγένεια λέοντι καὶ δελφίνι ἀπόρρητος. Über Aelians Verhältnis zu Alexander von Myndos siehe den oben angeführten Aufsatz von M. Wellmann im Hermes Bd. 26. 1891 S. 481 ff.

An Aelians Tiergeschichte kann man die Exzerpte aus des Timotheos von Gaza gleichnamigem Gedichte περὶ ζῴων anschliessen, welcher unter dem Kaiser Anastasios ums Jahr 500 schrieb; die Exzerpte sind von Moritz Haupt im Hermes Bd. III, t ff. (= Opuscula III, 274 ff.) herausgegeben und enthalten, nach den einzelnen Tieren zusammengestellt, eine Menge Mirabilien.

Sextus Julius Afrikanus hat seine Κεστοί dem Alexander Severus gewidmet, nach Georg. Syncellus (chronogr. ed. Goar p. 359), welcher als Inhalt derselben angiebt ἰατρικῶν καὶ φυσικῶν καὶ γεωργικῶν καὶ χημευτικῶν δυνάμεις, und ähnlich bezeichnet sie Suidas s. v. Ἀφρικανὸς als φυσικά, ἔχοντα ἐκ λόγων καὶ ἐπαοιδῶν καὶ γραπτῶν τινων χαρακτήρων ἰάσεις τε καὶ ἀλλοίων ἐνεργειῶν. Die Identität dieses Afrikanus mit dem christlichen Presbyter von Alexandria, dem Verfasser des hochgeschätzten Πεντάβιβλον χρονολογικόν, welche Skaliger und neuerdings sehr energisch E. Meyer, Gesch. der Bot. II, 222 ff. bestritten hatten, ist ausreichend bezeugt. Von den Κεστοί selbst sind nur Bruchstücke vorhanden in den Geoponika*), sodann Auszüge in den Lectiones mirabiles (περὶ παραδόξων ἀναγνωσμάτων) des Michael Psellos**), welcher dem elften Jahrhundert angehörend, in der ersten, grösseren Hälfte des Traktätchens etwa 34 Notizen abergläubischen, meist sympathetischen Inhalts mitteilt; endlich ein grösseres Fragment, welches Thevenot in den Opera veterum mathematicorum, Parisiis 1693, pag. 275—316 veröffentlicht hat. Man findet in jenen Auszügen des Psellos mancherlei, z. B. ἀτόκια, εὐτόκια, παιδοποιϊκά, ein περίαπτον ἰσχαιμον (blutstillendes Amulet), ein Pflaster als ἀντιπαθὲς θηρίων πληγαῖς, ein βρῶμα κλεπτέλεγχον, nämlich ein Geback aus Mehl und gedörrten Kaulquappenzungen, dessen Genuss Diebe zum Geständnis zwingt; ferner werden erwähnt Mittel um künstliche Edelsteine herzustellen, περίαπτα und ἐπάσματα zur Heilung von Schlangenbissen, παράδοξα γεωργίας, namentlich Mittel, um Land auf sympathetischem Wege fruchtbar oder unfruchtbar zu machen (εὐφορίαν τεχνικὴν ἢ μᾶλλον γοητικὴν χωρίοις ἐνεργάζεται ὁ Ἀφρικανὸς καὶ τὴν ἐναντίαν ἀφορίαν ἐξ ἀντιπαθειῶν).

Die 77 Kapitel der Κεστοί, welche Thevenot veröffentlicht hat, haben wesentlich militärischen Inhalt; leider befindet sich der Text in einem sehr übeln Zustand. Originell ist die Art und Weise, wie Afrikanus die Sympathie für militärische Zwecke verwertet; dem Soldaten hilft er durch einen im Hennenmagen gefundenen Stein, der als Amulet getragen wird, zu Tapferkeit und Sieg (cap. 5); die Kavalleriepferde schützt er durch

---

*) Der Sammler der Geoponika nennt den Afrikanus unter seinen Quellen; und es werden ihm auch zahlreiche Abschnitte durch die Autorenlemmata zugeschrieben; da diese Lemmata aber als unzuverlässig nachgewiesen sind, so geht mit Sicherheit nur 5. 45, 2 auf ihn zurück, welche Stelle zugleich zeigt, dass er den Pseudodemokritos benutzt hat: φασὶ γάρ οἱ περὶ Δημόκριτον καὶ Ἀφρικανὸν εἰ μόνον ἡμέρας καὶ οὐ πλείους καλῶς διαμένειν κεκανθεῖσαν τὴν σταφυλήν.

**) Westermann, Παραδοξογράφοι. Scriptores rerum mirabilium Graeci. 1839. p. 143—148.

Anbinden eines Stücks Hirschgeweihes an den Hals vor Krankheiten (c. 43); die Pferde der Feinde rät er durch folgendes Mittel fest zu bannen (c. 34 περὶ τοῦ ἵππος ἐκ τοῦ αὐτοῦ ἀκινήτους ποιεῖν): Da Neptunian in seinen Physika angebe, dass der Knöchel vom rechten Vorderfuss des Wolfes, vor ein Viergespann geworfen, dieses zum Stehen zwinge, so solle man die Schleuderer mit solchen Knöcheln ausrüsten und die feindliche Reiterei damit bewerfen lassen; man erreiche dadurch zwei Vorteile zugleich, sofern nicht bloss das getroffene Pferd geschädigt werde, sondern auch alle anderen Pferde, welche über den Knöchel weggehen wollen.

Spezialsammlungen von Mirabilien, θαυμάσια oder παράδοξα, ein echt alexandrinisches Erzeugnis, haben sich lange Zeit grosser Beliebtheit erfreut. Die Trümmer dieser Litteratur sind von Westermann in den schon genannten Paradoxographi gesammelt; ein Teil derselben wurde von O. Keller neu herausgegeben unter dem Titel Rerum naturalium scriptores minores Vol. I. Leipzig 1877. Als erstes Werk, welches diese Gattung eingeführt hat, gilt die Θαυμάτων τῶν εἰς ἅπαντα τὴν γῆν (sic) κατὰ τόπους ὄντων συναγωγή des bekannten alexandrinischen Dichters und Gelehrten Kallimachos (ca. 310—235). Das Werk selbst ist untergegangen, aber von dem etwa 15—20 Jahre jüngeren Antigonos von Karystos in seinem noch erhaltenen, dürftigen Sammelwerk Ἱστοριῶν παραδόξων συναγωγή stark benutzt, von § 129—173. Auch die dem Aristoteles fälschlich zugeschriebenen Θαυμάσια ἀκούσματα werden noch ins dritte Jahrhundert gesetzt; sie sind eine Zusammenstellung von Mirabilien aus Aristoteles, Timäos, Theopomp und Theophrast. Die genannten Schriftchen enthalten zahlreiche Angaben, welchen man später unter den Sympathien und Antipathien wieder begegnet, ohne dass jedoch diese Ausdrücke gebraucht wären, selbst nicht, wo es so nahe lag, wie bei Antig. Car. c. 124 und 125. Einzelnes findet sich ferner in den Fragmenten des Archelaos*) und den wohl dem zweiten vorchristlichen Jahrhundert angehörigen Ἱστορίαι θαυμάσιαι des Apollonios; endlich im zweiten Teile des schon erwähnten Traktätchens des Psellos, wo unter anderem eine Anweisung des Babyloniers Teukros mitgeteilt wird, sich ἀπυρόματα herzustellen durch Eingrabung der Abzeichen gewisser Sternbilder auf Ringe. Von diesen sympathetischen Ringen weiter unten mehreres.

Bei der Vorliebe des griechischen Romans für alles Wunderbare ist es natürlich,

---

*) Ein wahres Musterstück einer Sympathie enthält das zehnte Fragment bei Westermann a. a. O. pag. 160, die immer und immer wieder zitierte Zu- und Abnahme der Lappen an der Mausleber zugleich mit der Zu- und Abnahme des Mondes betreffend. Ἀρχέλαός φησι, τὰ τῶν μυῶν ἥπατα λοβοὺς ἴχειν κινεῖ καὶ δέκα, οὕτινες οὐκ ἄθρόοι πάντες ἐγγίνονται, ἀλλ᾽ ἕκαστος καθ᾽ ἡμέραν σελήνης εἰς ἐπιγινόμενος ἐξ οὖτος προστίθεται ἀπὸ τῆς νουμηνίας μέχρι τῆς πανσελήνου, πάλιν δὲ ἀπὸ τῆς πανσελήνου εἰς ἐφ᾽ ἓν καθ᾽ ἡμέραν φθίνων λοβός, πάντες μέχρι τῆς νουμηνίας ἐκλείπουσι καὶ αὖθις ἐξ ἐκείνης ἄρχονται γίνεσθαι κτλ. Ὁ αὐτὸς ἱστορικὸς λέγει: καὶ τὰ τῶν θαλασσίων ἐχίνων μὰ τὰ αὐτὰ πάσχειν.

dass Aberglauben der verschiedensten Art, Vorzeichen, Träume, Toten- und Mond-
beschwörungen, Liebeszauber u. dergl. mehr einen bedeutenden Platz einnehmen; soweit
unser Gebiet in Betracht kommt, verdient namentlich eine Stelle in Heliodors Aethiopika
3, 7 bemerkt zu werden, wo der Zauber des bösen Blicks fast wörtlich so, wie bei
Plutarch quaest. conv. 5, 7 behandelt wird; auch das Beispiel mit dem Vogel Charadrios
fehlt nicht; beigezogen wird noch der alles verdorrende Basiliskenblick. Ein förmlicher
Zauberroman sind die Metamorphosen des Apuleius aus Madaura, welcher auch in
seinen kleineren Schriften einiges Einschlägige enthält; so führt er de magia cap. 30 den
Vers über die verschiedenen Liebeszauber an:

> Philtra omnia undique eruunt:
> antipathes illud quaeritur,
> trochilisci, iynges, taeniae,
> radiculae, herbae, surculi,
> saurae, inlices bicodulae,
> hinnientium dulcedines*).

Zu den Wundergeschichten kann man billigerweise des Philostratos roman-
hafte Lebensbeschreibung des Apollonios von Tyana stellen. Zwar nimmt er seinen
Helden gleich anfangs (1, 2) lebhaft in Schutz gegen die Nachrede, er sei Zauberer
(βίαιως σοφός) gewesen, weil er so viel mit Magiern verkehrt habe. Auch Empedokles,
Pythagoras und Demokritos hätten das gethan und viel wundersames behauptet, ohne
sich der Magie ergeben zu haben (οὔπω ὑπήχθησαν τῇ τέχνῃ); ähnlich sei es mit Plato.
5, 12 versichert er, Apollonios wirke seine Wunder durch göttliche Vermittlung, δαιμονίᾳ
κινήσει. nicht durch γοητεία; die γόητες wirken durch βίαιοι εἰδώλων, θυσίαι βάρβαροι, durch
ἐπᾴδειν und ἀλείφειν; und als Apollonios im Kerker zu Rom seinen Fuss aus den Fesseln
zieht, fügt er hinzu (7, 39), nur Leute von beschränkter Einsicht schreiben das der
Zauberei zu; freilich sei dieser Glaube weit verbreitet, was am besten daraus hervorgehe,
dass diese τέχνη βίαιος oder auch kurzweg τέχνη genannt, so vielfach für das tägliche
Leben in Anspruch genommen werde. Bei dieser Gelegenheit hören wir, dass besonders
Athleten und Wettkämpfer aller Art, ferner Kaufleute, zu allermeist aber Liebende es
thun. Die γόητες geben einen Gürtel als Amulet zu tragen, oder Steine, die teils aus
dem Schoss der Erde, teils vom Mond und den Sternen kommen sollen. Das Amulet
aber ist ein spezifisch sympathetisches Mittel. Einer dieser wunderwirkenden Steine,

---

*) Der Text ist stark verderbt; siehe Hildebrand zu dieser St. Da jedoch eine gewisse Einteilung
zu Grunde gelegt scheint, in der Weise, dass V. 2 und 3 Mittel von Anorganischem, V. 4 von Pflanzen,
V. 5 und 6 von Tieren geben, so ist obige Lesart der anderen „trochilisci ungues" vorzuziehen. Antipathes ist die schwarze Koralle (Diosc. Mat. med. V. 140), welche aber bei Plinius 37, 145 unter die Edelsteine gerechnet wird, hinnientium dulc. das hippomanes.

welcher zwar nicht von Plinius, wohl aber schon von Ktesias erwähnt wird, ist der Stein Pantarbes, von dem auch Heliodor (Aeth. 4, 8) erzählt, der den Magnet an Kraft noch weit übertreffend nicht bloss alles, was in seine Nähe kommt, anzieht, sondern sogar Steine aus dem Meere heraufholt, die sich traubenförmig wie ein Bienenschwarm an ihn ansetzen. Auch die Sprache der Vögel kommt hier wieder vor; Apollonios lernt sie von den Arabern 1, 20 f.: ἔστι γὰρ καὶ Ἀραβίων ἤδη κοινὸν καὶ τῶν ὀρνίθων ἀκούειν μαντευομένων, ὁπόσα οἱ χρησμοί· συμβάλλονται δὲ τῶν ἀλόγων (sc. θηρίων) σιτούμενα τῶν δρακόντων, οἱ μὲν καρδίαν φασίν, οἱ δὲ ἤπαρ.

Wie die Mirabilien- und Sympathiebücher ihren Stoff aus den verschiedensten Quellen zusammengetragen haben, so sind wiederum ihre Notizen nach allen Seiten durch die Litteratur hin verstreut und unter anderen auch von Scholiasten und Lexikographen benutzt worden. Daher findet man bei diesen manches, was auf Sympathie Bezug hat. Z. B. wird in den Aristophanesscholien (J. Bekker, London 1829) zu Eq. 537 bemerkt: ἀντιπαθῶς ἔχειν ἀλλήλων τὴν κράμβην καὶ τὴν ἄμπελον; und zu Plut. 883, wo der Gerechte dem ihn bedrohenden Sykophanten erwidert, er kümmere sich nicht um ihn: φορῶ γὰρ πριάμενος τὸν δακτύλιον τονδὶ παρ᾽ Εὐδάμου δραχμῆς, bemerkt der Scholiast: λέγει οὖν· οὐ φοβοῦμαί σε ἔχων φυσικὸν δακτύλιον· δακτύλιον δὲ τὸν λεγόμενον φαρμακίτην. (Zauberring.) Φιλόσοφος δὲ ἦν οὗτος ὁ Εὔδαμος, φυσικοὺς δακτυλίους ποιῶν πρὸς δαίμονας καὶ ὄφεις καὶ τὰ τοιαῦτα; ferner ἀλεξητήριον τῶν δηλητηρίων δείκνυσιν αὐτῷ καὶ βασκανίας ἀποτρεπτικὸν δακτύλιον. Aber der Gerechte bekommt zur Antwort: gegen den Biss eines Sykophanten helfe auch die Kraft eines Zauberrings nicht, was der Scholiast paraphrasiert: ἀλλὰ τοῦτο τὸ ἄκος καὶ ἡ ἀντιπάθεια οὐδὲν ἰσχύει πρὸς δῆγμα συκοφάντου. Solche Wunderringe mit sympathischer oder antipathetischer Kraft wurden schon oben aus Psellos bezw. Teukros erwähnt; ausserdem wird noch bei Marcellus Emp. de med. 29, 23 die Herstellung eines solchen aus Gold, der gegen Kolik helfen soll, gelehrt, mit der Aufschrift Θεὸς κελεύει μὴ κύειν κόλον πόνους, und die eines eisernen gegen dieselbe Krankheit bei Alex. Trall. (ed Puschmann) II S. 377, mit der Umschrift φεῦγε, φεῦγ᾽· ὁ χολοδαλός σε ζητεῖ.

Den Nikanderscholien zu Ther. 764 verdanken wir jene wichtige Stelle über das Sympathiebuch des Ἰόλος Δημοκρίτειος; zu Ther. 2 wird ἀντιπαθὴς ἀλκή den Heilmitteln zugeschrieben, ibid. 493 θρόνα als βοτάναι ἀντιπαθεῖς erklärt; Schol. Alexiph. 514 heisst es: τὸ ἀλμυρὸν ὕδωρ ποιεῖ πρὸς ἀντιπάθειαν βδέλλης und v. 527 ist κράμβη εὔχρηστος πρὸς ἀντιπάθειαν.

Endlich zeigt eine Stelle aus dem Etymologicum Magnum, dass auch die Wirkung der ephesischen Zauberworte auf Sympathie, bezw. Antipathie zurückgeführt wurde; 402, 31 (ed. Gaisf.): Ἐφέσια ἀλεξιφάρμακα καὶ γράμματα· ὀνόματα ἄττα καὶ φωναὶ ἀντιπάθειαν φυσικὴν ἔχουσαι. Hesych. Lex. s. v. Ἐφ. γραμμ. behauptet, anfänglich

seien es nur sechs solcher rätselhafter Worte gewesen, nämlich ἄσκιον (= πκότος), κατά-
σκιον (= φῶς), λίξ (= γῆ), τετράξ (= ἐνιαυτός), δαμναμενός (= ἥλιος) und αἴσιον (= ἀληθές);
später seien von Betrügern weitere hinzugefügt worden. Als Beispiel dieser antipathe-
tischen Kraft giebt das Etym. Mag. 402, 23 folgendes Histörchen: Ἐφέσια γράμματα · ἐπφδαί τινες δυσπαρακόλουθοι (schwerverständlich), ἧς καὶ Κροῖσον ἐπὶ τῆς πυρᾶς εἰπεῖν · καὶ
ἐν Ὀλυμπίᾳ Μιλησίου καὶ Ἐφεσίου παλαιόντων τὸν Μιλήσιον μὴ δύνασθαι παλαίειν διὰ τὸ
τὸν ἕτερον περὶ τὸν ἀστράγαλον ἔχειν τὰ Ἐφέσια γράμματα. φανεροῦ δὲ τούτου γενομένου καὶ
λυθέντων αὐτῶν τριακοντάκις πεσεῖν τὸν Ἐφέσιον *). (Dasselbe hat Eustath. ad Odyss.
τ. 246 sq. in wenig verschiedener Fassung; wie auch Suidas.) Über diese Ἐφέσια γράμματα handelt eingehend K. Wessely im Programm des Franz-Josefgymnasiums, Wien
1886, und R. Heim, Incantamenta Magica im neunzehnten Supplementband der Jahr-
bücher für klass. Philologie, 1893, pag. 525—542. Vergl. auch A. Dieterich, Pap.
Mag. pag. 768 sq.

Wenn wir von vereinzeltem Vorkommen von Sympathien bei sonstigen Schriftstellern, Historikern, Kirchenschriftstellern, Dichtern u. s. w. absehen, so haben wir noch
einen kurzen Blick auf zwei Gebiete der Fachlitteratur zu werfen, Medizin, einschliesslich der
Tierarzneikunde, und Landwirtschaft, welche von jeher in hervorragendem Masse, wie vom
Aberglauben überhaupt, so auch vom Glauben an Sympathie und sympathetische Wirkungen
beeinflusst worden sind. Man hat es bei beiden vielfach mit Vorstellungen zu thun, welche
sich bei den verschiedensten Völkern mehr oder minder vorfinden, welche in die ältesten
Zeiten zurückgehen und vielfach trotz aller Bekämpfung und Aufklärung unausrottbar,
teils ganz unverändert, teils nur in anderer Form bis auf den heutigen Tag sich erhalten
haben, Vorstellungen, die meist lange vor dem philosophischen Terminus συμπάθεια vorhanden, später unter denselben eingereiht wurden. Die Beiziehung von Sympathetischem
und Antipathetischem, oder wie der mehr und mehr in Aufnahme kommende Ausdruck
lautet, von φυσικά, wechselt nach der Individualität des Autors und hängt zusammen mit
der Stellung, die er zum Aberglauben überhaupt einnimmt: einzelne, wie Galenos unter
den Ärzten, Vegetius unter den Tierärzten, Varro unter den landwirtschaftlichen Autoren,
suchen sich denselben möglichst fern zu halten; andere nehmen mehr eine vermittelnde
Stellung ein, wie Dioskurides und Alexander von Tralles, und wieder andere, wie Plinius

---

*) Dass Wettkämpfer besonders gern zu solchen Mitteln griffen, ist schon oben bei Philostratos
erwähnt. Sogar die Unbesieglichkeit des Milon von Kroton wurde dem alectorias zugeschrieben, einem im
Magen der Hähne sich findenden Stein von der Grösse einer Bohne; Plin. 37, 144. Bei Ammianus XXVI, 3
wird ein auriga Hilarinus prozessiert und mit dem Tode bestraft, weil er seinen Sohn einem veneficus in
die Lehre gegeben, docendum secretiora quaedam, legibus interdicta, ut nullo conscio adminiculis invaretur
internis. cf. auch Diogenian. prov. IV, 78: Ἐφέσια γράμματα · ἐπφδαί τινες ἦσαν, ὅσπερ οἱ φορῶντες (wie
Becker-Marq. Handb. IV, 123 statt φωνοῦντες liest) ἐνίκων ἐν παντί.

9

in seinen medizinischen Büchern, 20—32, Marcellus Empiricus und ähnliche bieten wahre Sammlungen von Ungeheuerlichkeiten. Eine Besprechung der einzelnen Schriftsteller ist hier selbstverständlich nicht möglich; es kann sich nur darum handeln, die Art, wie die Lehre auf diesen Gebieten verwendet wird, so weit es nicht schon im seitherigen geschehen ist, zu zeigen und durch charakteristische Beispiele zu belegen.

Den Übergang von den Mirabilien zur Medizin bilden die sog. Theriaka und Alexipharmaka, teils rationelle, teils abergläubische, häufig auch sympathetische Mittel gegen schädliche Tiere und gegen Gifte, wie sie von Nikander in poetischer, von Pseudodioskurides u. a. in prosaischer Form behandelt worden sind. Medizin, Magie, Sympathie berühren sich im Altertum, wie sich das schon wiederholt gezeigt, ungemein nahe; Plinius spricht es auch mehrfach aus; in der öfters angeführten Stelle, 24, 1 ff. über die Bedeutung der Sympathie, werden die Worte angeschlossen (§ 4): hinc nata medicina; haec sola naturae placuerat esse remedia parata vulgo etc., 17, 239 f., wo er von der Antipathie des Weinstocks gegen Rettich und Lorbeer spricht, fährt er fort: hinc sumpsit Androcydes medicinam contra ebrietates. Es ist das nur ein Beispiel von hunderten solcher praktisch verwendeter Sympathien, oder noch häufiger, Antipathien. Die Medizin erscheint hiebei als Tochter der Sympathie, anderwärts selber wieder als Mutter der Magie und nahe verwandt mit Religion und Astrologie.

30, 2: Magicen natam primum e medicina nemo dubitabit ac specie salutari irrepsisse velut altiorem sanctioremque medicinam, ita blandissimis desideratissimisque promissis addidisse vires religionis, ad quas maxime etiamnunc caligat humanum genus, atque ut hoc quoque suggesserit, miscuisse artes mathematicas, nullo non avido futura de sese sciendi atque ea e caelo verissime peti credente. Ita possessis hominum sensibus triplici vinculo (medicina, religione, astrologia) in tantum fastigii adolevit, ut hodieque etiam in magna parte gentium praevaleat et in oriente regum regibus imperet.

Ganz frei von Aberglauben ist unter diesen Medizinern selbst Galenos nicht; so hoch er sonst in seiner Wissenschaft dasteht, und so sehr er abergläubischen Mitteln entgegentritt, so glaubt er doch an Diagnose durch Träume in der Schrift περὶ τῆς ἐξ ἐνυπνίων διαγνώσεως und an Vorhersagungen: περὶ τοῦ προγινώσκειν πρὸς Ἐπιγένην.

Als ein Beispiel der vermittelnden Richtung mag der Arzt Dioskurides aus Anazarbos in Cilicien dienen, der ungefähr gleichzeitig mit Plinius, aber unabhängig von ihm, fünf Bücher περὶ ὕλης ἰατρικῆς*) schrieb. Das Werk hat einen wissenschaftlichen

---

*) Pedanii Dioscoridis de Materia Medica lib. quinque rec. C. Sprengel. Leipzig 1829. (Kühn med. Graec. tom. 25. 26.)

Charakter, weit mehr als die entsprechenden Abschnitte des Plinius; aber auch er unterlässt nicht, Abergläubisches anzuführen, anscheinend mehr aus Rücksicht auf seine Leser, als weil er selbst viel davon hielte; wo er es thut, giebt er seine Quelle ausdrücklich an oder gebraucht er Wendungen, wie φασί τινες, λέγεται, ἱστορεῖται, δοκεῖ und ähnl., nur selten finden sich Angaben ohne diese Vorsicht: z. B. 2, 151 ἡ ἀσπάραγος περιαπτομένη καὶ τὸ ἀπόζεμα αὐτῆς πινόμενον ποιεῖ ἄτοκον καὶ ἄγονον: oder 2, 202 von der Meerzwiebel (scilla): ἔστι δὲ καὶ ἀλεξιφάρμακον ὅλη πρὸ τῶν θυρῶν κρεμαμένη. Das Wort Sympathie kommt, wie es scheint, bei Dioskurides nicht vor; einmal findet sich, wenn man von dem Namen einer Korallenart Ἀντιπαθές 5, 139, absieht, das Wort ἀντιπαθής 4, 131: περὶ ἀντιρρίνου (Feldlöwenmaul). ἱστορεῖται δὲ τοῦτο ἀντιπαθὲς εἶναι φαρμάκοις περιαπτόμενον, ἐπίχαρίν τε ποιεῖν ἀλειφόμενον σὺν ἐλαίῳ κρινίνῳ ἢ κυπρίνῳ. Wohl aber finden sich zahlreiche Mittel, welche anderwärts zu den sympathetischen gerechnet werden, unter der allgemeinen Bezeichnung βοήθημα, ἀλεξητήριον, κωλυτήριον, ἀλεξιφάρμακον, auch ἀντιφάρμακον, wie 2, 94: φασὶ δὲ τὸ λεόντειον στέαρ καὶ ἀντιφάρμακον τοῖς ἐπιβουλεύουσιν εἶναι (cf. Nepual. 62). τὸ δὲ ἐλεφάντειον καὶ ἐλάφειον ἑρπετὰ διώκει καταγραόμενον. 3, 105 führt er eine Narkose an, 2, 193 und 3, 137 schädliche Wirkung von Pflanzen auf darüberschreitende Personen; ἀτόκια 2, 151; 3, 141; ὠκυτόκια 2, 193; 3, 157; 5, 159, 172; auch etliche φίλτρα, darunter 4, 132 das Kraut Katananke, und 4, 129 die Edelweisswurzel als Amulet getragen*); wenigstens erklärt Sprengel im Kommentar zu Dioskurides das dort genannte λεοντοπόδιον für die bekannte Alpenpflanze Gnaphalium Leontopodium L. Die häufigste Form, in welcher die sympathetischen Mittel bei Diosk. zur Anwendung kommen, ist das Amulet, περίαπτον oder περίαμμα — beide Wörter gebraucht er ohne Unterschied neben einander; z. B. 3, 157 —, auch ἔνδεσμα, und dazu die Verba περιάπτειν, προσάπτειν, ἐνδεῖν, ἐνδεσμεῖν. Unecht sind die ihm zugeschriebenen Ἀλεξιφάρμακα und die Θηριακά; bezweifelt wird auch die Echtheit der zwei Bücher περὶ εὐποριστῶν ἁπλῶν καὶ συνθέτων φαρμάκων, hauptsächlich, weil II, 112 ein Aretaios zitiert wird, der wahrscheinlich dem zweiten Jahrhundert n. Chr. angehört (Christ G. d. gr. Litt. § 582.). Auf einen anderen Verfasser als den Anazarbeer dürfte auch die grössere Lust am Fabulieren hinweisen. Der echte Dioskurides hat die charakteristischen Zuthaten bei sympathetischen Mitteln, wie sie Plinius so unermüdlich aufzählt, das Sammeln mit der linken Hand, die Nennung der Person, für welche das Mittel bestimmt ist, die Angabe der Zeit — gegen Abend, vor Sonnenaufgang, bei abnehmendem Mond —, und des Stoffes, in welchen es einzubinden ist, Leinwand, Wolle, Leder u. dergl., offenbar absichtlich bei Seite gelassen und vorsichtig sein λέγεται u. s. w. noch beigesetzt.

*) A. a. O. φασὶ δὲ καὶ ταύτην (τὴν ῥίζαν τοῦ λεοντοποδίου) εὐγραφεῖν εἰς φίλτρα καὶ ῥήματα διαφορεῖν (es eigne sich für Liebeszauber und verteile Geschwüre). Das von Plinius N. Hist. 26, 52. 127. 145 angeführte leontopodium muss eine andere Pflanze sein; Evax pygmaeus giebt Wittstein in seiner Übersetzung.

Ein ebenfalls sehr ehrenwerter und tüchtiger Mediziner dieser vermittelnden Richtung ist noch im sechsten Jahrhundert Alexander von Tralles, der jüngere Bruder des Erbauers der Sophienkirche zu Konstantinopel. Aber er geht noch etwas weiter als Dioskurides, und ist geneigt, wie Älius Promotus, die φυσικά als eine Art δεύτερος κλώς gelten zu lassen. Sein Standpunkt kommt deutlich zum Vorschein in dem Kapitel περὶ ἐπιληψίας (Ausgabe von Puschmann, Wien 1878, I. S. 557 ff.), wo er φυσικά πρὸς ἐπιληπτικούς ankündigt und eine Fülle von solchen sympathetischen oder, wie Puschmann übersetzt, Wundermitteln folgen lässt, darunter περίαπτα καὶ ἀντιπαθῆ πρὸς ἐπιληπτικοὺς ἐκ τῶν Ἀρχιγένους. Am Ende dieser Aufzählung sagt er (S. 571): ταῦτα μὲν εἴρηται τοῖς παλαιοῖς ὡς φυσικῶς ὁρᾶν δονάμενα, ὅσα δὲ ἡμεῖς ἐξεθέμεθα, κατὰ μέθοδον εἴρηται. d. h. was ich selbst gegeben habe, sind rationelle Mittel. Aber, fährt er fort, der verständige Arzt darf kein Mittel unbeachtet lassen und muss ebenso mit natürlichen Mitteln (φυσικά, Puschm. Naturheilkraft), wie mit wissenschaftlichen Gründen und der kunstgerechten Methode Bescheid wissen; er muss, wie man zu sagen pflegt, πάντα κινεῖν, alles in Bewegung setzen, was den Kranken von dem langwierigen und widerwärtigen Leiden zu befreien im Stande ist; seine persönliche Neigung gehe dahin, jedes Mittel zu benutzen: διὰ δὲ τοὺς πολλοὺς τοὺς ἐν τῷ τὸν χρόνῳ ἀμαθεῖς ὄντας (!) καταμέμφεσθαι τοῖς χρωμένας τοῖς φυσικοῖς ἔργον συνεχῶς χρῆσθαι τοῖς φυσικῶς ὁρᾶν δυναμένος καὶ ἔσπευσα τεχνικῇ μεθόδῳ περιγενέσθαι τῶν νοσημάτων. So führt er auch gegen das Quartanfieber I. S. 407 φυσικὰ περίαπτα an und ein φυσικὸν πρὸς ὀμφημερινούς. Daneben spricht er aber wiederholt von der ἀντιπάθεια z. B. περὶ ἀλωπεκίας S. 445: κόπρον αἰλούρου μετ' ὄξους κατάχρει (gegen Haarschwund) · καλόν ἐστι καὶ πάνυ φυσικὴν ἀντιπάθειαν ἔχει πρὸς τὸ πάθος; und von einem schon oben bei Plinius erwähnten Mittel gegen die Quartana sagt er S. 437: θαυμαστῶς ὅπως ἀντιπαθείᾳ τινὶ καὶ λόγῳ ἀρρήτῳ παρανοχλῶν οὐκέτι τοῦ λοιποῦ ὁ τεταρταῖος εὑρίσκετο. Wir treffen also auch noch die frühere Terminologie; im grossen Ganzen aber wird mehr und mehr in der späteren Litteratur an der Stelle von συμπαθές, ἀντιπαθές u. s. w. das Wort φυσικόν herrschend.

In der älteren Zeit wurde physicus freilich gerade in entgegengesetztem Sinne gebraucht, wenn z. B. Cicero de Div. I, 55 physice und superstitiose einander entgegenstellt, oder Diodor. Sic. 15, 48 von φυσικά spricht, οἱ καιρῶνται τὰς αἰτίας τῶν τοιούτων παθῶν (Erdbeben) οὐκ εἰς τὸ θεῖον ἀναφέρειν, ἀλλ' εἰς φυσικάς τινας καὶ κατηναγκασμένας περιστάσεις. Aber aus der φυσικὴ συμπάθεια καὶ ἀντιπάθεια entwickelt sich für φυσικός die Bedeutung sympathetisch; was φυσικὴ συμπαθείᾳ bewirkt wird, heisst kurzweg φυσικῶς bewirkt, und φυσικόν, physicum wird der stehende Ausdruck für sympathetische, schliesslich auch für magische Mittel. Auf die Wichtigkeit von Plin. 22, 106 für diese Bedeutungsentwicklung ist bereits oben aufmerksam gemacht.

Der dritten Richtung, bei welcher von Wissenschaft kaum mehr die Rede ist, gehört z. B. an das medizinische Lehrgedicht des jüngeren Serenus Sammonicus in 1115 Hexametern, das Büchlein des S. Placitus Papyriensis, und besonders des Marcellus Empiricus aus Burdigala liber de medicamentis. In der Vorrede sagt der Verfasser, der unter Theodosius II schrieb: Libellum hunc de empiricis quanta potui sollertia diligentiaque conscripsi, remediorum physicorum sive (= et) rationabilium confectionibus et adnotationibus fartum undeunde collectis. Zu dem, was Scribonius Largus und die sog. Medicina Plinii bot, hat er noch eine Fülle des ärgsten Aberglaubens hinzugefügt, so dass er eine wahre Fundgrube dafür ist. Namentlich giebt er viele jener volkstümlichen, oft ganz sinnlosen Heil- und Zauberformeln, welchen man vereinzelt schon frühe, z. B. bei Cato de R. R. begegnet. Auch jüdisches und christliches fehlt nicht: 21, 2 in nomine dei Jacob, in nomine dei Sabaot; 25, 13 in nomine Christi und 23, 29 herba salutaris, id est spina alba, qua Christus coronatus est, quae velut uvam habet, lienem leniter in eodem loco perfricata sanabit. Die meisten Kapitelüberschriften kündigen remedia physica et rationabilia diversa de experimentis an; die Mittel, welche ausdrücklich als physica bezeichnet werden, sind teils Amulete mit Inschrift 20, 66. 98, oder ohne solche 22, 21; 25, 33; teils sympathetische Manipulationen 18, 4; 29, 53.

Dass die Tierarzneikunde sich von der abergläubischen Richtung nicht freibielt, lässt sich denken; die Reste von Pelagonius Schrift de arte veterinaria und die Ἱππιατρικά *) enthalten physica und praecantationes desselben Schlags, wie die bei Marcellus. Gegen Pelagonius wendet sich ausdrücklich Vegetius, der zwischen 383 und 450 lebte, in seiner Mulomedicina (ed Schneider 1797; die Zitate nach der alten Einteilung in 4 Bücher). Vegetius ist für seine Verhältnisse ein verständiger Mann; die Besprechungen verwirft er als Altweiberunsinn, und die abgeschmacktesten, aber einmal herkömmlichen, Rezepte nimmt er nicht auf seine Verantwortung. So sagt er 1, 39: contorsiones et interiorum incisiones, quibus aut anicularum more praecantationes aut aliquid quasi physicum remedium afferre conantur veterinarii. Trotz dieser geringschätzigen Wendung führt er doch eine ziemliche Anzahl von physica an 1, 18. 61. 62; 3, 8. 15, 19 und 3, 85, 4 f. Aber auch ohne diese ausdrückliche Bezeichnung

---

*) Ἱππιατρικά in Notices et Extraits de la Biblioth. Paris, tome XXI, partie II par M. Miller. Was die Formel betrifft, welche Heim a. a. O. pag. 512 daraus anführt: (πρὸς θλάσμα ἐν ποδί) τράγον ὑπὸ τὴν στεφάνην τοῦ ζῷου μετὰ μαχαιρίου ἱλεῶ̨, ἰχθὺς, νήσος, mit der Bemerkung verba intelleguntur, sed non cognoscitur, quomodo cohaereant carmen et morbus, so könnte man zunächst auf die Vermutung kommen, dass in ἰχθὺς die bekannte christliche Symbolik Ἰησοῦς Χριστὸς Θεοῦ Υἱὸς Σωτήρ stecke; wahrscheinlicher aber ist mir, dass mit Beziehung auf Plut. quaest. conviv. 8, 8, 1 τοὺς ἰχθὺς καλεῖν ἔλλοπας (oder ἴλλοπας), οἷον ἰλλομένην τὴν ὄπα καὶ καθειργομένην ἔχοντας coll. Athen. 7, pag. 308 B C zu lesen ist: ἴλλο ἢ ἰχθύς, ἴλλο ἢ νόσος, stumm ist der Fisch, stumm die Krankheit, nach der Form: siccant montes, siccant valles, siccant venae.

fehlt es nicht an derartigen Mitteln, und an eine Hufsalbe, zu der eine lebendige grüne Eidechse mitgekocht wird (2, 58, 3), scheint er trotz seines sonstigen Skeptizismus selber zu glauben.

Mit der Tierheilkunde haben wir bereits dasjenige Gebiet betreten, wo der Aberglaube und mit ihm der Glaube an Sympathie wenn möglich noch lustiger wucherte, als in der Medizin, und wo er bis auf den heutigen Tag seinen günstigsten Boden hat, nämlich das Gebiet der Landwirtschaft. Vieles von dem, was hierher gehört, ist schon im Bisherigen berührt worden, namentlich bei den pseudodemokriteischen Schriften.

Oben an steht, was Alter und Verbreitung betrifft, der Glaube an die Einwirkung des Monds auf Vorgänge im organischen Leben. Kein Wunder; denn auf keinem Gebiet macht sich das Zusammengehen, die συμπάθαια von σφάνια und ἐπίγεια, die Abhängigkeit der letzteren von den ersteren so fühlbar. In erster Linie kommen freilich die Wirkungen der Sonne mit ihrer täglichen und jährlichen Zu- und Abnahme von Licht und Wärme in Betracht; aber diese mächtigsten aller Wirkungen waren etwas so greifbares, so alltägliches, dass sie als selbstverständlich hingenommen wurden. Anders war es mit dem Monde. Auch dem Naturmenschen drängte sich der Schluss auf, dass, wie die Sonne bei Tag, so auch das herrschende Gestirn der Nacht Einfluss auf Natur und Menschen haben müsse; je auffallender seine Tag für Tag wechselnde Erscheinung*), Zunahme und Abnahme, Verschwinden und Wiederkehr war, um so mehr Veranlassung, ihm solche Wirkungen zuzuschreiben.

Aber je weniger andererseits dieser präsumierte Einfluss sich klar erkennen und feststellen liess, um so mehr wurde man darauf geführt, bei dem geheimnisvollen Gestirne, das auf die Phantasie zu allen Zeiten so mächtig gewirkt hat, auch geheimnisvolle Kräfte und Wirkungen zu suchen. Was lag dann näher, als Zu- und Abnahme auf der Erde mit der Zu- und Abnahme des Mondes, und weiterhin alles, was an ähnliche Perioden auf der Erde gebunden erschien, mit der Periodizität des Mondes in Zusammenhang zu bringen. Das waren Sympathien, welche sich wie von selber darboten, und welche dann die Stoiker und nach ihnen alle anderen Anhänger der Lehre von der συμπάθαια als Hauptbelege verwendeten. Unterstützung fand diese Annahme durch die Medizin, welche in Übereinstimmung mit der Volksanschauung gewisse Vorgänge im menschlichen Organismus, auch gewisse Krankheiten, wie die sog. Mondblindheit bei Haustieren, Mondsucht und Epilepsie bei den Menschen, und durch die Naturwissenschaft,

---

*) Es hat diese wechselnde Erscheinung des Monats einen treffenden Ausdruck gefunden in dem allerliebsten Märchen bei Pseudoplutarch, Septem sapientium convivium, cap 11: „Der Mond bat seine Mutter, sie solle ihm auch einen passenden Rock weben; die Mutter aber sagte darauf: wie soll ich dir einen passenden Rock weben? Jetzt siehst du voll aus, und dann wieder wie ein Halbkreis, und manchmal wie eine Sichel." (νῦν μὲν γὰρ ὁρῶ σε πανσέληνον, αὖθις δὲ μηνοειδῆ, ποτὲ δὲ ἀμφίκυρτον).

welche Ebbe und Flut auf Wirkung des Mondes zurückführte; letzteres bekanntlich mit Recht, wenn gleich erst die moderne Wissenschaft die wahre wirkende Ursache erkannt hat. So spielt denn der Einfluss des Mondes, die „lunaris ratio", eine Hauptrolle in der landwirtschaftlichen Litteratur. Alles Wachsen und Gedeihen geht mit dem zunehmenden, alles Abnehmen, Vergehen, Verdorren u. s. w. mit dem abnehmenden Mond*). Das umgekehrte galt als widernatürlich, unheimlich, weshalb die ägyptischen Priester keine Zwiebeln essen sollten, weil diese bei abnehmendem Mond wüchsen. Plut. de Is. cap. 8.

Schon in dem Abschnitt der Ἔργα καὶ ἡμέραι v. 765—824, der von den Glücks- und Unglückstagen in jedem Monat handelt und, wie Plut. Vit. Cam. cap. 19 zeigt, bereits zu Heraklits Zeit für hesiodisch galt, ist eine gewisse Rücksichtnahme auf den Mond erkennbar, obschon dort nicht der Mond selbst, sondern die Nummer der einzelnen Monatstage beobachtet wird. Cato dringt in seinem Buche de Re Rustica zwar auf strenge Einhaltung aller religiösen Obliegenheiten, giebt aber, abgesehen von einigen sonderbaren Rezepten gegen Krankheiten (cap. 79. 80. 136), wenig abergläubisches; Ciceros Zeitgenosse und Freund M. Terentius Varro macht sich in seinen Büchern de Re Rustica (1, 2) lustig über die albernen Zaubersprüche und anderen miracula, welche die beiden Saserna in ihre Schriften aufgenommen hatten. Aber beide, Cato und Varro, wollen die Mondsphasen beim landwirtschaftlichen Betrieb beobachtet wissen (Cato 29. 31, 2. 37, 4. 40, 1. 50, 1; Varro besonders 1, 37.) Ebenso weist Columella, obgleich er den gröbsten Aberglauben möglichst fernhält und z. B. bei der Wahl einer Vilica darauf zu sehen empfiehlt, an a vino, ab escis, a superstitionibus, a somno, a viris remotissima sit (12, 1, 3), bei jeder Gelegenheit auf den Einfluss des Mondes hin. Den leitenden Grundsatz spricht Palladius aus 1, 38, 8: quaecumque serenda sunt, cum luna crescit, seminentur, quae secanda vel legenda, cum minuitur. Alles Säen und Pflanzen hat bei zunehmendem, alles Schneiden und Einheimsen bei abnehmendem Mond zu geschehen. Dass jedoch im einzelnen die Ansichten ziemlich auseinander gingen, zeigt Geopon. 1, 6. 2, 14, 7. 5, 10 und namentlich 3, 1, 2; ferner Columella 2, 10, 10. 15 und Cato 40, 1 verglichen mit Col. 5, 11, 2 u. a. m. Das Düngen der Wiesen soll nach Cato 29 und 50, 1 luna silenti d. h. bei Neumond stattfinden, nach anderen z. B. Colum. 2, 14, 9 luna crescente, nam ea quoque res aliquantum foeni fructum adiuvat; das Düngen des Saatfelds aber luna decrescente, nam ea res herbis liberat segetes. Ebenso soll man das Unkraut mit abnehmendem Mond wegschaffen Geop. 3, 5, 8: τῆς ἀντικαθειας συμβαλλομένης πρὸς τὸ μηκέτι αὐτὴν ἀναβιοῦν. Immer und immer wieder wird eingeschärft, Nutzholz nur bei abnehmendem Monde zu schlagen, wozu vielfach noch post meridiem, d. h. bei

---

*) Siehe auch Roscher, Über Selene und Verwandtes. Leipzig 1890. S. 55 ff.

niedergehender Sonne, hinzugefügt wird, z. B. Cato 31, 2. 37, 4; Plin. 16, 190—194; Col. 11, 2, 11. Früchte zum Aufbewahren, wie Bohnen Col. 2, 10, 11; Trauben ibid. 12, 16, 1; Geop. 4, 15; Quitten Col. 12, 47, 2; Birnen Pallad. 3, 25. 8 sind decrescente luna zu pflücken; ja sogar das Schweinefleisch muss zu dieser Zeit ins Salz gelegt werden, wenn es halten soll, Col. 12, 55, 3. Hiermit sind wir am sympathetischen Einfluss des Mondes auf das Animalische angelangt. Das Brüten der Hühner, Pfauen u. s. w. hat bei zunehmendem Monde zu beginnen, Varro 3, 9, 16; Col. 8, 5, 9; Geop. 14, 7, 13. 17, 6; und zwar ist es so einzurichten, dass die Jungen wiederum bei zunehmendem Mond ausschlüpfen. Das Mästen des Geflügels ist gleichfalls a primo lunae incremento anzufangen; ebenso wird bei der Wollschur und beim Schneiden der Haare darauf gesehen, dass es bei zunehmendem Mond geschehe; Varro 1, 37: ego istaec, inquit Agrasius, non solum in ovibus tondendis, sed in meo capillo a patre acceptum servo, ne decrescente luna calvus fiam. Dasselbe beobachtete der Kaiser Tiberius nach Plin. 16, 194: Tiberius et in capillo tondendo servavit interlunia. Und sonst noch vieles andere *).

Auf Sympathie beruht natürlich auch der Einfluss der Gestirne auf Pflanzen-, Tier- und Menschenleben, die „sideralis ratio“; auch hier lag ein Analogieschluss zu Grunde: man sah z. B., dass, wenn die Sonne im Sternbild des Löwen stand, grosse Hitze kam; man rechnete von ihrem Eintritt in den Skorpion den Winter; man sah ferner, dass der Beginn der grössten Hitze mit dem Frühaufgang des Sirius zusammen fiel; wie nahe lag es da, die Erscheinungen auf der Erde als Wirkungen dieser Gestirne, mochten es nun ganze Sternbilder, oder einzelne Fixsterne oder Planeten sein, anzusehen; daher die grossen Abschnitte über Beobachtung und Wirkung der Gestirne bei den landwirtschaftlichen Schriftstellern und besonders auch bei Lydus de ostentis. Es war das zugleich der Weg zur Astrologie.

Ein weiterer Gegenstand, mit welchem die Scriptores rei rusticae sich regelmässig und eingehend zu beschäftigen hatten, sind die Wettervorzeichen; diejenigen derselben, welche man durch Beobachtung von Tieren und Pflanzen gewann, Vorzeichen, worauf zum Teil heute noch Bauern, Hirten und Jäger achten, wurden ebenfalls, und mit einem gewissen Rechte, der Sympathie zugeschrieben, wie wir dies in dem Fragm. Democriti gesehen haben.

Mit all diesen auf Sympathie beruhenden Erscheinungen rechnet der Landmann; er kennt und berücksichtigt ferner die Sympathien und Antipathien gewisser Gewächse und Tiere; so unterlässt er Kohl oder Rettiche in den Weinbergen zu pflanzen, wegen der bekannten Antipathie des Weinstocks dagegen; er keltert keine schwarzen und weissen Trauben zusammen, ja er pflanzt sie nicht einmal nebeneinander: ἔχουσι γάρ τινα πρὸς

------

*) So modifizieren sich die Wirkungen des Hundsterns (Geop. 1, 8) und des ersten Donners (ib. 1, 10), je nach dem Sternbild, in welchem gerade der Mond steht.

ἑαυτὰς φυσικὴν ἀντιπάθειαν, Geop. 5, 15. 5, f.; dagegen bekränzt er sich beim Rebenschneiden mit Epheu, streut zerstossene Eicheln und Erbsen an die Stöcke und pflanzt Süssholz dazwischen, um seine Reben recht fruchtbar zu machen. Die Sympathie von Myrte und Granatbaum (Geop. 10, 37, 3) benutzt er beim Pfropfen; die von Myrte und Rose, um sie durch Nebeneinanderpflanzen zu reicherer Blüte zu bringen (ib. 9, 8); den Ziegen wird Diktamnus aufgebunden, damit sie mehr Milch geben (ib. 18, 10); der Hund erhält Butterbrot (ib. 19, 216: χρίων ἄρτον βουτύρῳ), oder man misst ihn mit einem nassen Rohr vom Kopf bis zum Schwanz, um ihn mutig zu machen; einen wütenden Stier dagegen bindet man an einen Feigenbaum, so wird er zahm, (fragm. Democr. 31. Geop. 15, 1, 4) u. a. m. Auch der Zahl wird sympathetische Kraft beigelegt, und im allgemeinen die ungerade der geraden vorgezogen, wie auch sonst. Verg. Ecl. 8, 75: numero deus impare gaudet. Man soll z. B. zum Brüten nur eine ungerade Zahl Eier unterlegen; die Herden sollen immer eine ungerade Zahl Stücke enthalten: Geop. 18, 2, 8, ἔστω δὲ ἀεὶ τῶν ποιμνίων ὁ ἀριθμὸς ἄνισος, ὡς φυσικὴν ἔχων τινὰ δύναμιν πρὸς διαμονήν καὶ σωτηρίαν τῶν ἀγελῶν.

Weitaus das wichtigste aber ist die Verwendung der Sympathie zum Schutze des Landmanns und seiner Wirtschaft. Nicht bloss bietet sie ihm allerhand Mittel, um bösen Zauber von Personen und Sachen abzuwenden, z. B. das Vergraben des rechten Vorderfusses von einem schwarzen Esel unter die Schwelle (Geop. 15, 8, 1), oder Aussäen von Asfodill vor dem Hofthore (Plin. 21, 108), oder das Pflanzen von Stecheiche (ilex aquifolia ib. 24, 116) oder Bettonica (ib. 25, 84) oder Cyclamen (ib. 25, 115) im Hause; sondern sie schützt auch sein Besitztum gegen Blitzschlag durch Vergraben einer Hippopotamoshaut (Geop. 1, 16) oder Aufhängen von vitis alba (Zaunrübe, Colum. 10, 346); seine Pflanzungen und Saaten gegen Gewitterschaden (noctua cruribus suspensa Colum. 10, 348 f.); besonders aber stellt sie ihm eine Menge Mittel gegen den gefürchteten Hagel zur Verfügung, z. B. bei Pallad. 1, 35, 1; mehr als ein Dutzend Geop. 1, 14. Die empfindlichen Citrusbäume (Citronatbaum nach Hehn, Kulturpflanzen- und Haustiere 3 A. S. 389) wahrt man vor Frost durch Einbinden in Koloquintenzweige (Geop. 10, 7, 4: ἔχουσι γάρ τινα φυσικὴν ἀντιπάθειαν πρὸς τὸ ἀπὸ τοῦ κρύους ἀσινεῖς αὐτὰς διαφυλάττεσθαι), die Reben durch zwischengepflanzte Bohnen (Geop. 5, 31, 3). Damit in die Dunglege keine Schlangen kommen, wird ein Pfahl in ihre Mitte eingerammt (Varro R. R. 1, 38, 3. Col. 2, 16, 4); der Taubenschlag wird gegen schädliche Tiere, besonders Katzen, durch aufgehängte Rautenzweige gesichert (Pallad. 1, 24, 3. Geop. 14, 4: ἔχει γάρ τινα πρὸς τὰ θηρία ἀντιπάθειαν τὸ πήγανον), gegen Wiesel durch das Einlegen eines alten Hufschuhs (Pallad. 1, 24, 2), gegen Schlangen durch Einschreiben des Wortes Ἀδάμ (angeblich die vier Himmelsgegenden Ἀνατολή, Δυσμός, Ἄρκτος, Μεσημβρία bedeutend) in die vier Ecken des Schlags (Geop. 13, 8, 4. 14, 5). Zum Schutze der Brutstätte der Hennen dient eine Unterlage von Gras, Lorbeerzweigen, Knoblauchköpfen und eisernen Nägeln, letztere gegen die Wirkungen des Donners (Col. 8, 5, 12; Geop. 14, 11); wie auch Auflegen von Lorbeerzweigen oder eisernen Deckeln auf die Fässer das Umschlagen des Weins bei Gewittern verhindert κατὰ ἀντιπάθειαν (Geop. 7, 11). Die Hennen selber sind vor Füchsen, Katzen und allen andern Tieren sicher, wenn man ihnen Raute unter die Flügel bindet, oder unter ihr Futter Katzen- oder Fuchsgalle mischt. Geop. 14, 9, 5 f.: ἐξήρηται τινα ἀντιπαθὴ πρὸς τὸ μὴ λυμαίνεσθαι τὰς ὄρνιθας.

Damit der ausgestreute Same in der Erde nicht geschädigt werde, wird derselbe in dem Gefäss, aus welchem gesät werden soll, mit einem Hyänenfell überspannt, wodurch er teilhaftig wird τῆς ἀπὸ τοῦ ζῴου φυσικῆς δυνάμεως καὶ ὀσμῆς (Geop. 2, 18, 8), oder trägt man bei Nacht eine Kröte um das Feld, verschliesst sie in ein Thongefäss und vergräbt sie in der Mitte des Feldes (ib. § 14); oder spannt man ein durchlöchertes Seehundsfell über ein Sieb, und sät damit; das bewahrt vor Meltau und und Hagel, φυσικῇ τινι ἀντιπαθείᾳ βαηθούν, Geop. 5, 33, 7, wo noch mehrere Mittel gegen Meltau angegeben sind. Von den fünf wundersamen Anweisungen, welche Geop. 2, 42 zum Schutze der Hülsenfrüchte gegen das gefürchtete Unkraut ὀροβάγχη, Ervenwürger, auch ὀσπρολέων, Hülsenfruchtlöwe genannt, gegeben werden, ist eine schon früher erwähnt worden, die auch von Demokritos bezeugte θεραπεία φυσικὴ καὶ ἀντιπαθής, welche im Umtragen eines Hahns um das Feldstück besteht, vor welchem der „Löwe" die Flucht ergreift; ähnlichen Schlags sind die vier anderen.

Ferner stehen dem Landmann zahlreiche Mittel zu Gebot gegen das Faulen der Früchte auf dem Baum oder ihr vorzeitiges Abfallen. (Pallad. 4, 10, 3. 20. 30. Geop. 10, 18, 6 f, 48, 1; 64; 87; an letzterer Stelle allein neun; darunter auch Amulete an Bäumen.) Das Aufspringen der Granatäpfel verhindert man, indem man Meerzwiebel, σκίλλας, daneben pflanzt, Geop. 10, 30: αὖται γὰρ ἀντιπαθοῦσαι οὐκ ἐῶσιν αὐτὰς χαίνειν. Gegen die Unfruchtbarkeit der Bäume hilft Bedrohung mit dem Umhauen, in genauer Nachahmung der Szene zwischen Christus und dem Feigenbaum, Ev. Luc. 13, 6—9*) (Geop. 10, 83); gegen Siechtum des Kirschbaums Besprengung der Wurzeln mit Wasser aus drei verschiedenen Quellen, in mondloser Nacht geholt (Pallad. 10, 12, 8); gegen Dürrwerden des Pfirsichbaums Aufhängen einer Schlangenhaut (Pallad. 12, 7, 4).

Zahllos sind die Mittel gegen schädliche Tiere aller Art, naschhafte Vögel, Feldmäuse, Ameisen, Erdflöhe, Raupen, Käfer und sonstiges Ungeziefer, namentlich auch

---

*) Auch sonst findet sich Christliches oder Jüdisches in den Geoponica: um eine reiche Ernte zu bekommen, soll man 'Ραφαήλ (v. L Φρουήλ) auf den Pflug schreiben (2, 19, 1); um das Umschlagen des Weins zu verhüten, Psalm 34, 8 auf das Fass schreiben, um das Abfallen der Früchte zu verhindern, Psalm 1, 3 auf einem Zettel an den Baum binden. (7, 14. 10, 87, 8.) Der heilige Name 'Ιαώ wird zum Vertreiben des ὀσπρολέων (2, 42, 5), 'Ιαώ Σαβαώθ zur Herstellung eines Fischköders benutzt.

Heuschrecken, wodurch Saaten und Pflanzungen beschädigt werden, gegen giftige Schlangen und Skorpionen, gegen Motten, Flöhe, Wanzen, Fliegen, Stechmücken und Bremsen, worunter Vieh und Menschen zu leiden haben, Mittel gegen die Wölfe, die den Herden gefährlich werden u. s. w. Hieran schliessen sich endlich die vielen sympathetischen Hausmittel gegen Verletzungen und Krankheiten bei Tieren und Menschen, denen man wenigstens teilweise schon bei Medizinern und Hippiatrikern begegnet.

Übrigens sind nur die wenigsten von all diesen bei den landwirtschaftlichen Schriftstellern vorkommenden sympathetischen Mittel ausdrücklich als solche durch Beisätze wie φυσικόν oder ἀντιπαϑῆς, συμπαϑῆς u. dergl. bezeichnet, finden sich aber in den sympathetischen Traktaten, im ersten Kapitel des fünfzehnten Buchs der Geoponika, bei Plinius und sonst als solche aufgeführt, oder werden durch unzweifelhafte Analogie erkannt.

Schluss.

Überblicken wir die Ergebnisse dieser Untersuchung, so hat sich gezeigt, dass der Satz der älteren Naturlehre, wornach Seele und Körper und wiederum die einzelnen Teile des Körpers einander affizieren, von den Stoikern auf das Weltall, welches sie als Einen Körper fassten, und seine Teile übertragen, und, um diese Lehre von der συμπάϑεια τῶν ὅλων auf empirischem Wege zu stützen, Sammlungen möglichst vieler Einzelfälle von gegenseitiger συμπάϑεια und ἀντιπάϑεια veranstaltet wurden, was wiederum ohne Zweifel der damals in Ägypten aufblühenden Mirabilienlitteratur den Anstoss zur Anlegung eigener Sympathiebücher gab. Da die letzteren mit der stoischen Naturphilosophie selbst nichts mehr zu thun hatten, so fiel auch die stoische Erklärung der Sympathien und Antipathien weg; und während diese anfangs natürliche, physische genannt worden waren, weil auf natürlichen Beziehungen der Welt und ihrer Teile unter einander beruhend, so heissen sie später physische, als geheimnisvolle, unerklärliche Wirkungen. Weiter ist auf Grund der noch vorhandenen antiken Litteratur gezeigt worden, wie seit der alexandrinischen Zeit bis zum Ende des klassischen Altertums der Glaube an natürliche Sympathien und Antipathien in dem zuletzt genannten Sinne, und die Verwendung derselben zu mancherlei, teils erlaubten, teils unerlaubten Zwecken in den Anschauungen weiter Kreise, von den bäuerlichen hinauf bis zu den naturwissenschaftlich und philosophisch gebildeten, eine bedeutende Rolle gespielt hat, eine bedeutendere, als wohl die meisten anzunehmen gewohnt waren.

An diese Ergebnisse knüpfen sich noch einige weitere Aufgaben, welche hier schon des Raumes wegen keine eingehende Behandlung finden konnten. Fürs erste gälte es den Versuch zu machen, den im Vorstehenden nachgewiesenen Stoff unter gewisse Hauptgesichtspunkte zu ordnen und wenigstens einigermassen, wenn man so sagen darf, Methode in die wirre Masse zu bringen, wie auch verstreute Körner von Wahrheit oder Ahnungen des wahren Sachverhaltes herauszuheben. Zweitens handelt es sich darum, rückwärts den Quellen, aus welchen die einzelnen Notizen, besonders die des ältesten Sympathiebuchs, geschöpft sind, wie Volksglauben, Gelehrtenmärchen, naturwissenschaftliche Schriften, Reisebeschreibungen u. s. w., noch näher nachzugehen und dabei die ägyptischen, persischen, jüdischen Elemente von den hellenischen zu scheiden. Endlich sollte noch genauer, als bisher geschehen, gezeigt werden, wie viel von dem gefundenen Material aus dem Altertum in Glaube und Anschauung des Mittelalters und der Neuzeit herübergekommen ist, und auf welchen Wegen dieser Übergang stattfand. Einzelnes ist gelegentlich oben bemerkt worden; manches geben C. Meyer, der Aberglaube des Mittelalters, und A. Wuttke, der deutsche Volksaberglaube der Gegenwart; doch liegt der Wert dieser sehr verdienstlichen Schriften weniger in der Prüfung des gesammelten Stoffes auf seine Herkunft.

Nachrichten über das Schuljahr 1893—94.

I. Chronik der Anstalt.

a. Unterricht und Lehrer.

Im Lehrerpersonal sind im vergangenen Schuljahr folgende Änderungen eingetreten:

Vermöge höchster Entschliessung vom 9. August v. J. wurde dem Professor Ehrhart die erledigte Hauptlehrstelle für neuere Sprachen an der oberen Abteilung des Realgymnasiums in Stuttgart übertragen. Die hiedurch erledigte Hauptlehrstelle für neuere Sprachen an der oberen Abteilung des Karlsgymnasiums wurde durch höchste Entschliessung vom 9. September v. J. dem Professor Dr. Heintzeler an der Realanstalt in Reutlingen übertragen, welcher am 1. Oktober v. J. in seine Stelle eingetreten ist. Die Stellvertretung vom Anfang des Schuljahrs bis dahin führte Professoratskandidat Dr. Günzler.

Vermöge höchster Entschliessung vom 9. August v. J. wurde dem Professor Zech die neu errichtete dritte Professorsstelle an der oberen Abteilung der Realanstalt in Cannstatt übertragen. Die hiedurch erledigte Hauptlehrstelle für neuere Sprachen an den mittleren Klassen des Karlsgymnasiums wurde durch höchste Entschliessung vom 18. September v. J. dem Professor Schiele an der Realanstalt zu Cannstatt übertragen, welcher am 1. Oktober in seine Stelle eingetreten ist. Die Stellvertretung vom Anfang des Schuljahrs bis dahin führte der realistische Lehramtskandidat Dr. Bopp.

Die Erteilung des katholischen Religionsunterrichts an der oberen Abteilung des Karlsgymnasiums wurde vom Beginn des Sommerhalbjahrs 1894 an dem Kaplan Fohmann übertragen.

Als Stellvertreter für erkrankte oder beurlaubte Lehrer waren an der Anstalt zeitweise thätig:

Vikar Klumpp vom hiesigen Realgymnasium vom 15. Februar bis 17. März für Französisch an den Mittelklassen;

Präzeptoratskandidat Isenberg vom 7. bis 15. Dezember an Klasse VIb;

Schulamtskandidat Landvatter vom 5. Juni bis zum Schluss des Schuljahrs für Turnunterricht.

Im vergangenen Schuljahr wurde erstmals der im Gymnasiallehrplan von 1891 vorgesehene freiwillige Unterricht im Projektionszeichnen an Klasse X eingerichtet; derselbe wurde von Hilfslehrer Kern in einer Wochenstunde erteilt.

Für den lateinischen Unterricht wurde im vergangenen Schuljahr neu eingeführt in den Klassen II und III die lateinischen Übungsbücher von Herzog-Fick und Herzog-Schweizer, für den griechischen Unterricht an Klasse V das griechische Übungsbuch von Kägi.

b. Ferien und Feierlichkeiten.

Es haben folgende Ferien stattgefunden: Weihnachtsferien vom 24. Dezember bis 7. Januar; Osterferien vom 19. März bis 4. April; Pfingstferien vom 12. bis 16. Mai; die Sommerferien werden vom 25. Juli bis 5. September dauern.

Am 27. Januar wurde das Geburtsfest Seiner Majestät des Kaisers durch eine Schulfeier begangen, bei welcher ein Schüler der Klasse X ein Bild von dem Leben und Wirken von E. M. Arndt gab und andere Schüler der oberen Klassen Dichtungen und Stücke aus den Prosaschriften Arndts, der Schülersingchor Lieder desselben vortrugen.

Das Geburtsfest Seiner Majestät des Königs wurde am 25. Februar in der herkömmlichen Weise feierlich begangen. Die Festrede, welcher ein Gesangsvortrag des Schülersingchors voranging und folgte, hielt Professor Dr. Sixt über »die römischen Gladiatoren«.

c. Schüler.

Die Schülerzahl betrug:

bei der oberen Abteilung im Winter 169, im Sommer 160,

» » mittleren » » » 203, » » 200,

» » unteren » » » 192, » » 192,

Gesamtzahl der Schüler im Winter 564, im Sommer 552.

Hebräisch lernten aus Klasse VII—X 23, Englisch aus Klasse VII—IX 49, Italienisch aus Klasse VIII—X 9, geometrisches Zeichnen aus Klasse VII 4, Freihandzeichnen aus Klasse VII—X 14, Projektionszeichnen aus Klasse X 8 Schüler.

d. Prüfungen.

Auf Grund der Reifeprüfung des Jahres 1893 erhielt nachträglich das Zeugnis der Reife:

Eisenmenger, Julius, Sohn des Fabrikdirektors zu Ludwigsburg, zum Studium der Kriegswissenschaft.

Durch Erstehen der Konkursprüfung zur Aufnahme in das evangelisch-theologische Seminar zu Tübingen, welche im August 1893 stattfand, wurden die nachstehenden Schüler des Gymnasiums zum Studium der evangelischen Theologie und zwar im Seminar, ermächtigt:

Hezel, Friedrich, Sohn des † Pfarrers zu Debsenberg,
Metzger, Hermann, Sohn des Sprachlehrers zu Stuttgart,
Sick, Karl, Sohn des Obermedizinalrats zu Stuttgart.

Durch Erstehen des evangelischen Landexamens wurden im Herbst 1893 in das niedere theologische Seminar zu Maulbronn aufgenommen:

Albrecht, Friedrich, Sohn des Stadtpfarrers zu Künzelsau,
Gerok, Otto, Sohn des Arztes zu Stuttgart,
Hahn, Max, Sohn des Telegraphensekretärs zu Stuttgart,
Leuze, Oskar, Sohn des Kaufmanns zu Stuttgart,
Süsklind, Hermann, Sohn des Pfarrers zu Berg.

Die diesjährigen Konkursprüfungen finden erst nach Abschluss dieses Programms statt.

Durch Erstehen der ausserordentlichen Reifeprüfung, welche im März d. J. am Eberhard-Ludwigs-Gymnasium zu Stuttgart abgehalten wurde, erhielten nachstehende Schüler des Karlsgymnasiums das Zeugnis der Reife:

Haug, Richard, Sohn des Büchsenmachers zu Ludwigsburg, zum Studium der Rechtswissenschaft.
Käferle, Otto, Sohn des Instrumentenmachers zu Stuttgart, zum Studium der ev. Theologie,
Kern, Friedrich, Sohn des Bahnhofinspektors zu Ulm, zum Studium der Rechtswissenschaft,
Lang, Theodor, Sohn des Kaufmanns zu Stuttgart, zum Studium der ev. Theologie,
Lang, Viktor, Sohn des Gutsbesitzers zu Diepoldsburg, zum Studium der ev. Theologie.

Die ordentliche Reifeprüfung für das Jahr 1894 wurde in den Monaten Juni und Juli vorgenommen. Folgende 39 Schüler der Anstalt, welche an derselben teilnahmen, erhielten das Zeugnis der Reife:

Bardill, Erich, Sohn des Kaufmanns zu Stuttgart, zum Studium der Regiminalwissenschaft,
Beiswenger, Immanuel, Sohn des Oberlehrers zu Tempelhof, zum Studium der Medizin,
Birkert, Emil, Sohn des Schullehrers zu Stuttgart, zum Studium der ev. Theologie,
Bunz, Gerhard, Sohn des Kaufmanns zu Stuttgart, zum Studium der ev. Theologie,
Cattaneo, Giuseppe, Sohn des ital. Vizekonsuls zu Stuttgart, zum Studium des Maschinenbaus,
Dorn, Albert, Sohn des Ministerialdirektors zu Stuttgart, zum Studium der Kriegswissenschaft,
Essich, Hermann, Sohn des Landwirts zu Bietigheim, zum Studium der Kriegswissenschaft,
Fetzer, Karl, Sohn des Landgerichtsrats zu Stuttgart, zum Studium der Rechtswissenschaft,
Filser, Eugen, Sohn des Oberamtmanns zu Balingen, zum Studium der Philosophie,
Fritz, Theophil, Sohn des Missionars zu Stuttgart, zum Studium der Medizin,
Gerok, Karl, Sohn des Arztes zu Stuttgart, zum Studium der Kriegswissenschaft,
Gross, Paul, Sohn des † Fabrikpächters zu Hohenheim, zum Studium der Medizin,
Kahn, Alfred, Sohn des Kaufmanns zu Stuttgart, zum Studium der Philosophie,
Klaus, Theodor, Sohn des Rektors zu Gmünd, zum Studium der Rechtswissenschaft,
Klotzbücher, Karl, Sohn des Kaserneninspektors zu Stuttgart, zum Studium der technischen Wissenschaften,
Krailsheimer, Eugen, Sohn des Privatmanns zu Stuttgart, zum Studium der Medizin,
Krause, Alfred, Sohn des † Landwirts zu Petersburg, zum Studium der technischen Wissenschaften,
Kuhn, Max, Sohn des Hofrats zu Stuttgart, zum Studium der Kriegswissenschaft,
Lamparter, Otto, Sohn des Professors zu Stuttgart, zum Studium der Medizin,
Lindenmeyer, Otto, Sohn des † Bierbrauereibesitzers zu Stuttgart, zum Studium der Medizin,
Maas, Karl, Sohn des Landwirts zu Eglosheim, zum Studium der Rechtswissenschaft,
Menges, Immanuel, Sohn des Lithographen zu Stuttgart, zum Studium der ev.-reform. Theologie,
von Menoth, Richard, Sohn des Postverwalters zu Markgröningen, zum Studium der Kriegswissenschaft,

Nägele, Wilhelm, Sohn des Stadtpflegekassiers zu Stuttgart, zum Studium der Regiminalwissenschaft,
Nestle, Hermann, Sohn des Ersten Staatsanwalts zu Stuttgart, zum Studium der Rechtswissenschaft,
Rupp, Oskar, Sohn des Oberpostmeisters zu Kirchheim u. T., zum Studium des Postfachs,
Scherer, Paul, Sohn des Schullehrers zu Stuttgart, zum Studium der Regiminalwissenschaft,
Schuler, Alfred, Sohn des Oberstenerrats zu Stuttgart, zum Studium der Rechtswissenschaft,
Schultze, Georg, Sohn des † Privatmanns zu Stuttgart, zum Studium der Medizin,
Sick, Konrad, Sohn des Obermedizinalrats zu Stuttgart, zum Studium der Medizin,
Sippel, Fritz, Sohn des Regierungsassessors zu Stuttgart, zum Studium der Rechtswissenschaft,
Steinheil, Adolf, Sohn des † Oberverwaltungsgerichtsrats zu Stuttgart, zum Studium des Maschinenbaus,
Storz, Viktor, Sohn des Architekten zu Stuttgart, zum Studium der Rechtswissenschaft,
Stumpf, Max, Sohn des † Rechtsanwalts zu Stuttgart, zum Studium der Rechtswissenschaft,
Thomas, Wolfgang, Sohn des Arztes zu Badenweiler, zum Studium der Medizin,
Weidlich, Karl, Sohn des Professors zu Stuttgart, zum Studium der Rechtswissenschaft,
Wenz, Albert, Sohn des Privatmanns zu Stuttgart, zum Studium der Medizin,
Wiedemann, Wilhelm, Sohn des † Schlossereibesitzers zu Stuttgart, zum Studium der Kriegswissenschaft,
Zimmermann, Emil, Sohn des Majors a. D. zu Stuttgart, zum Studium der Kriegswissenschaft.

Das Zeugnis über die wissenschaftliche Befähigung für den einjährig-freiwilligen Dienst wurde im abgelaufenen Schuljahr 47 Schülern erteilt.

e. Geschenke.

Von der G. J. Göschenschen Verlagshandlung hier:

Brauns, Dr. R., Mineralogie (Sammlung Göschen Nr. 29).
Geleich-Sauter, Kartenkunde (Sammlung Göschen Nr. 30).
Koch, M., Deutsche Litteraturgeschichte (Sammlung Göschen Nr. 31).
Jiriczek, Dr. O. L., Die deutsche Heldensage (Sammlung Göschen Nr. 32).
Kurze, Dr. J., Deutsche Geschichte im Mittelalter (Sammlung Göschen Nr. 33).
Naumann, Dr. C., Der Cid von J. G. Herder (Sammlung Göschen Nr. 36).
Klein, Dr. J., Chemie, anorganischer Teil (Sammlung Göschen Nr. 37).

Von der H. Lindemannschen Buchhandlung hier:

Leuzinger, H., Kurven-Reliefs. Schlüssel zum Verständnis der Kurvenkarten. Bern. 2 Ex.

Von Herrn Generalkonsul E. Georgii v. Georgenau:

Klaiber, J., Über deutsche und schwäbische Zustände um die Mitte des vorigen Jahrhunderts. Stuttgart 1894.

Von Herrn Professor J. Hartmann hier:

Altertumsverein, württembergischer 1843—1893. Denkschrift zur Feier des 50jährigen Bestehens des Vereins. Stuttgart 1893.

Von Herrn Oberstudienrat Dr. E. Paulus:

Paulus, Dr. E., Kurzer Überblick über Kunst und Altertum in Württemberg. Stuttgart 1893.

Von Herrn Prof. Dr. Egelhaaf:

Egelhaaf, G., Deutsche Geschichte im Zeitalter der Reformation. 3. Aufl. Berlin 1893.
Giese, Dr. A., Deutsche Bürgerkunde. Leipzig 1894.

Von Herrn Prof. Dr. Sixt:

Fundberichte aus Schwaben, herausgegeben vom Württemb. anthropologischen Verein unter der Leitung von Prof. Dr. G. Sixt. I. Jahrgang 1894. Heft 1. Stuttgart 1894.
Riggauer-Hey, Eine Sammlung antiker Münzen und Medaillen in Kopien aus unedlem Metall ausgeführt von der Metallwarenfabrik W. Mayer, Stuttgart 1893.

f. Verzeichnis der 1893—1894 für die Bibliothek angekauften Werke.

A. Griechische Autoren.

Anthologia Graeca epigr. Palatina cum Planudes ed. H. Stadtmüller. Vol. I. Bibl. Teubn. Lips. 1894.
Eurip. Iphig. Taur., erklärt von Schöne-Köchly. 4. Aufl. Neue Bearbeitung von C. Bruhn. Berlin 1894.
Herodotos, erklärt von H. Stein. 2. Bd. 1. Heft. Buch III. Berlin 1894.
Hierocl. Synecdemus rec. A. Burckhardt. Bibl. Teubn. Lips. 1893.
Mythographi Graeci. Vol. I. ed. R. Wagner. Bibl. Teubn. Lips. 1894.
Philostrati Majoris Imagines rec. Seminar. Vindob. Sodales. Bibl. Teubn. Lips. 1893.
Platon. Apol. von Prof. M. Schanz. Leipzig 1893.
Plutarchi Moralia rec. Gr. N. Bernadakis. Vol. V. Bibl. Teubn. Lips. 1893.
Scriptores Physiognom. rec. R. Förster. I und II. Bibl. Teubn. Lips. 1893.
Syriani in Hermogenem Comment. Vol. II. ed. H. Rabe. Bibl. Teubn. Lips. 1893.

B. Lateinische Autoren.

Claudiani, Claudii Carmina recogn. J. Koch. Bibl. Teubn. Lips. 1893.

D. Griechische und lateinische Sprachwissenschaft.

Gerber-Greef, Lexicon Taciteum. Fasc. 11. Lips. 1893.
Kägi, Dr. A., Griechische Schulgrammatik. 3. Aufl. Berlin 1892.
Kühner, Dr. R., Ausführliche Grammatik der griech. Sprache in neuer Bearbeitung, besorgt von Dr. Fr. Blass. Bd. 1 und II. Hannover 1890/92.
Schmid, Dr. W., Der Atticismus. Bd. III. Stuttgart 1893.

E. Griechische und römische Altertumskunde.

Curtius, E., Gesammelte Abhandlungen. Bd. I. Berlin 1894.
Gymnasialbibliothek von Pohlmey u. Hoffmann. Heft 6. 17. 18. Gütersloh 1894.
Müller, Dr. J., Handbuch der klass. Altertumswiss. 18. Halbband. München 1893.
Paulys Realencyklopädie. Neue Bearbeitung. Herausgegeben von G. Wissowa. Stuttgart 1893.
Rhode, E. Psyche. Freiburg 1894.

Roscher, W. H., Ausführliches Lexikon der griech. und röm. Mythologie. H. 28. Leipzig 1894.

G. Pädagogik.

Cramer, W. E., Württembergs Lehranstalten und Lehrer. 2. Aufl. Stuttgart 1893.
Euler, Dr. C., Encyklopädisches Handbuch des gesamten Turnwesens. Heft 5—15. Wien und Leipzig 1894.
Hirzel, K., Zeitfragen aus dem Gebiet des Württemb. Gymnasialwesens I. Tübingen 1893.
Jäger, Prof. Dr. O. H., Übersicht der Stoffverteilung in J.'s neuer Turnschule. Stuttgart 1889.
Kessler, Prof. F., Übungsbeispiele für den Turnunterricht. Stuttgart 1894.

H. Zeitschriften.

Die Fortsetzungen von: Blätter des schwäb. Albvereins, Bursian, Euler Eckler, Hirsch, Hoffmann, Jahn, Korrespondenzblatt, Lyon, Rethwisch, Uhlig, Pädag. Wochenblatt, Wochenschrift, Wölfflin und Zeitschrift des allgem. deutschen Sprachvereins.

J. Deutsche Schriftsteller.

Herrig, H., Konradin. 3. Aufl. Berlin 1885.
— Kaiser Friedrich. 4. Aufl. Berlin 1890.
Putlitz, G. zu, Das Testament des grossen Kurfürsten. Berlin 1877.
Wolfram v. Eschenbach Teil III (Deutsche Nationallitteratur V, 4). Stuttgart.

K. Deutsche Sprache.

Erbe, K., Leichtfassliche Regeln für die Aussprache des Deutschen. Stuttgart 1893.
Grimm, J. und W., Deutsches Wörterbuch. IV 1², 10. VIII, 13. u. 14. IX, 1. Leipzig 1893. 94.
Hansen, K., Deutsches Lesebuch. Teil I—IV. Leipzig 1888.

P. Religion und Theologie.

Giesebrecht, Dr. Fr., Das Buch Jeremia übersetzt und erklärt. Göttingen 1893.
Löhr, Dr. M., Die Klagelieder des Jeremia übersetzt und erklärt. Göttingen 1894.
Winer, B. G., Die Grammatik des neutestamentlichen Sprachidioms. 8. Aufl. Neu bearbeitet von Dr. P. W. Schmiedel. Teil I. Göttingen 1894.

11

R. Geschichte.

Beloch, J., Griechische Geschichte. Bd. I. Strassburg 1893.

Baur, W., E. M. Arndt's Leben, Thaten und Meinungen. 5. Aufl. Hamburg 1882.

Müller, E., Schillers Mutter. Leipzig 1894.

Oncken, W., Allgemeine Geschichte. Lieferung 194—204 (Schluss).

S. Geographie.

Beschreibung Württembergs nach Oberamtsbezirken. Herausgegeben von dem K. Statistischen Landesamt. I. u. II. Reutlingen und Ebingen. Stuttgart 1893.

W. Bibliographie etc.

Foch, G., Catalogus Dissertationum Philolog. Class. Lips. 1894.

Klussmann, Dr. R., Systematisches Verzeichnis der Programme. Bd. II. 1886—1890. Leipzig 1893.

Jugendschriften.

Hauff, W., Märchen. Durchgesehen von Fr. Hofmann. Berlin.

Neujahrsblätter, Württembergische XI, 1894. Stuttgart 1894.

II. Behandelte Lehraufgaben.

I. Obere Abteilung.

Klasse X a und b.

Klassenlehrer: a. Professor Lamparter, b. Professor Hauber.

Fächer	Lehrer	Wochenstunden	Gelesenes oder Behandeltes
Religion, evang.	a. Hieber	2	Sittenlehre.
	b. —	—	wie a.
— kath.	a. u. b. Fohmann	1	Apologetik nach Drehers Lehrbuch.
Deutsch	a. Hauber	3	Litteraturgeschichte von Lessing bis zu Göthes Tod. Eingehender behandelt: von Shakespeare: Caesar; von Lessing: Laokoon und Nathan; von Göthe: Lyrik (Schulausgabe von Kern); von Schiller: Akad. Antrittsrede und Auswahl aus der Ideendichtung. — Aufsätze.
	b. Egelhaaf	—	Litteraturgeschichte von Lessing bis Geibel. Laokoon, Iphigenie, Shakespeares Caesar, Uhlands und Mörikes Gedichte in Auswahl gelesen und erklärt. — Aufsätze.
Latein Exp.	a. Planck	6	Tacitus Annalen I. II. Germania. — Horaz Episteln I, 1—7. 10. 13. 14. 19. 20. II, 1. 2. Oden III, 1—6. 16. 17. 19. 25. IV, 2—5. 7. 8. 9. 11. 12. 14.15. — Ciceros Briefe.
	b. Hauber	—	Tacitus Agricola. Germania. Annalen I, 1—15. 49—81. II, 5—46. 62. 63. 69—73. 82. 88. — Horaz Oden III, 1—6. 16. 17. 19. 26. 28. IV. 1—5. 7. 11. 12. 15. Episteln I, 1. 2. 4—7. 9. 10. 13. 16. 19. 20. II, 2.
— Komp.	a. Lamparter	1	Wöchentlich eine schriftliche Arbeit.
	b. Hauber	—	wie a.
Griech. Exp.	a. Lamparter	5	Platons Phaedon. — Thukydides VII mit Auswahl. — Sophokles Antigone.
	b. Kayser	—	Platons Phaedon. — Thukydides II mit Auswahl. — Sophokles Oedipus Rex.
— —	a. Lamparter	1	Alle 14 Tage eine schriftliche Arbeit. —
	b. Kayser	—	wie a.

Fächer	Lehrer	Wochenstunden	Gelesenes oder Behandeltes
Französisch	a. Heintzeler	2	Lanfrey, Campagne de 1809. — Gropp und Hausknecht, Auswahl französischer Gedichte. — Alle 14 Tage eine schriftliche Arbeit. — Dictées. — Repetition der Grammatik. — Sprechübungen.
	b.	—	wie a.
Geschichte	a. Egelhaaf	2	Neuere Geschichte von 1715—1870.
	b. —	—	wie a.
Mathematik	a. Lökle	3	Algebra: Bardey, Aufgabensammlung. Quadratische Gleichungen mit 2 und mehr Unbekannten; arithmetische und geometrische Reihen; Zinseszins- und Rentenrechnung. — Repetitionen aus dem Pensum der Kl. VIII und IX, mit schwierigeren Aufgaben. Geometrie: Stereometrie nach Kommerell-Hauck, mit Auswahl. Planimetrische und trigonometrische Repetitionen und Übungen.
	b. —	—	wie a.
Mathematische Geographie	a. Lökle	1	Grundzüge der mathematischen Geographie und populären Astronomie.
	b. —	—	wie a.
Naturwissenschaften	a. Sigel	2	Mineralogie. Formverhältnisse (Krystallographie). Ausgewählte Kapitel aus der speziellen Mineralogie. Einleitung in die Geologie.
	b. —	—	wie a.
Philosoph. Propaedeutik	a. Lamparter	2	Im Winter Psychologie, im Sommer Logik nach Becks Grundriss.
	b. —	—	wie a.
Turnen	a. Weychardt	2	Marsch-, Stab- und Freiübungen. Geräteturnen. Gewehrfechten. Spiele. Im Winter zuweilen Eislauf. Im Sommer öfters Baden.
	b. —	—	wie a.

Fächer	Lehrer	Wochenstunden	Gelesenes oder Behandeltes

Fakultative Fächer

Fächer	Lehrer	Wochenstunden	Gelesenes oder Behandeltes
Hebräisch	Hieber	3	Ausgewählte Stücke aus den Psalmen, Amos (ganz) und Jesaja. — Diktate und Expositionen. — Grammatik (Syntax).
Neues Testam.	—	1	1. Korintherbrief. — Repetition über die heilige Geschichte A. T.
Freihandzeichnen	Kolb	2	Für Schüler der Klasse VII—X gemeinsam: Figurenzeichnen nach Vorlagen und Gipsmodellen. Landschaftszeichnen nach Vorlagen. Aquarellmalen.
Projektionszeichnen	Kern	1	Darstellung einfacher Körper in rechtwinkliger und schiefer Projektion.

Klasse IX a und b.

Klassenlehrer: a. Professor Dr. Weidlich, b. Professor Dr. Kayser.

Fächer	Lehrer	Wochenstunden	Gelesenes oder Behandeltes
Religion, evang.	a. Hieber	2	Glaubenslehre.
	b. —	—	wie a.
— kath.	a. u. b. Fohmann	1	Gemeinsch. mit Kl. X.
Deutsch	a. Hauber	3	Litteraturgeschichte von Anfang bis Klopstock und Wieland einschl. Eingehender behandelt: Die höfischen Epiker, Ausgabe von Marold. Walther von der Vogelweide, nebst Auswahl aus Minnesang und Spruchdichtung, Ausgabe von Günther. Klopstocks Oden (Auswahl). — Aufsätze.
	b. Elben	--	Litteraturgeschichte bis Wieland (wie a.) mit eingehender Behandlung von Walther v. d. V. — Aufsätze. — Vortragsübungen.
Latein. Exp.	a. Weidlich	6	Horaz Oden I, 1—4. 6—10. 14. 17. 18. 20. 22. 24. 26. 27. 31. 34. 35. 37. 38. II, 1—3. 6. 7. 10. 13. 14—18. III, 8. 9. 13. 18. 21. 23. 24. 29. 30; Epoden 1. 2. 4. 7. 9. 13; Satiren I, 1. 4. 6. 9. 10. II, 6. 8. — Ausgewählte Briefe Ciceros in der Ausg. von Frey. — Cicero de senectute. — Perioden.
	b. Kayser	6	Horaz und Ciceros Briefe wie a. — Cicero de republ. II. — Perioden.
— Komp.	a. Weidlich	2	Wöchentlich eine schriftliche Arbeit, und andere schriftliche Stilübungen. — Besprechung einzelner Kapitel aus der Stilistik. — Mündliche Übersetzung aus Nägelsbachs Stilübungen III. Heft.

Fächer	Lehrer	Wochenstunden	Gelesenes oder Behandeltes
Latein. Komp.	b. Kayser	—	Wöchentlich eine schriftliche Arbeit. Grammatisch-stilistische Übungen.
Griech. Exp.	a. Weidlich	5	Homers Ilias mit Auswahl. — Platons Kriton — Euripides Medea. — Demosthenes erste und dritte olynthische Rede. — Alle 4 Wochen eine schriftliche Arbeit.
	b. Egelhaaf	3	Homers Ilias mit Auswahl. — Demosthenes dritte philippische Rede. — Florilegium graecum, fasciculus IV. — Alle 4 Wochen eine schriftliche Arbeit.
	Lamparter	2	Platons Apologie. — Eurip. Iphig. Taur.
— Komp.	a. Weidlich	1	Alle 4 Wochen eine schriftliche Arbeit. — Repetition der Syntax und Exzeptionen.
	b. Egelhaaf	—	Alle 4 Wochen eine schriftliche Arbeit. — Mündliche Übersetzung aus den Themata von Bäumlein; Exzeptionen.
Französisch	a. Heinzeler	2	Choix de nouvelles modernes I. La Fontaine, Fabeln. Taine, Origines de la France contemporaine. — Gropp und Hausknecht, Auswahl französischer Gedichte. — Alle 14 Tage eine schriftliche Arbeit. — Dictées. — Memorieren französischer Stücke. — Sprechübungen.
	b. —	—	wie a.
Geschichte	a. Egelhaaf	2	Mittelalterliche ausserdeutsche Geschichte. Neuere Geschichte bis 1715.
	b. —	—	wie a.
Mathematik	a. Lökle	4	Algebra: Bardey, Aufgabensammlung. Repetition des Pensums der Kl. VII und VIII, mit Erweiterungen; neu: Logarithmen. — Quadratische Gleichungen mit 1 und mit 2 Unbekannten. Repetitionen aus den Gleichungen des ersten Grads, mit etwas schwierigeren Beispielen. Geometrie: Spieker, Repetitionen und weitere Übungen aus Abschnitt I—X; sodann Abschnitt XI—XIII und XVIII mit Übungen. Trigonometrie: Goniometrie; das rechtwinklige und das schiefwinklige Dreieck mit Übungen.
	b. —	—	wie a.

Fächer	Lehrer	Wochenstunden	Gelesenes oder Behandeltes
Physik	a. Kern	2	Lehre vom Schall und vom Licht. Ausgewählte Kapitel aus der Mechanik, teilweise mit mathemat. Entwicklungen. Repetition des bisher Behandelten.
	b. —	—	wie a.
Turnen	a. Weychardt	2	wie Klasse X.
	b. —	—	—

Fakultative Fächer

Hebräisch	Hieber	3	Amos. Micha. Ausgewählte Psalmen. — Diktate und Expositionen. — Grammatik (Syntax).
Neues Test.	—	1	Gemeinschaftlich mit Kl. X.
Englisch	Heintzeler	2	Dickens, Sketches. — Gropp und Hausknecht, Auswahl engl. Gedichte. — Diktate. — Sprechübungen.
Italienisch	Cattaneo	1	Lektüre aus der Italienischen Chrestomathie von Cattaneo.
Freihandzeichnen	Kolb	2	s. Kl. X.

Klasse VIII a und b.

Klassenlehrer: a. Hilfslehrer Dr. Elben, b, Hilfslehrer Dr. Miller.

Religion, evang.	a. Hieber	2	Kirchengeschichte bis 1648.
	b. —	—	wie a.
— kath.	Fohmann	2	Dogmatik nach Drehers Lehrbuch.
Deutsch	a. Elben	2	Nibelungen- und Kudrunlied mit Auswahl. — Aufsätze. — Vortragsübungen.
	b. Miller	—	wie a.

Fächer	Lehrer	Wochenstunden	Gelesenes oder Behandeltes
Latein. Exp.	a. Elben	6	Sallust Jugurtha. — Vergil Aeneis VI – IX und XII mit Auslassungen. — Cicero pro Ligario. — Perioden.
	b. Miller	6	Sallust Jugurtha. — Cicero pro Milone. – Vergil Aen. VI; einzelnes aus VII—IX und XII.
— Komp.	a. Elben	2	Wöchentlich eine schriftliche Arbeit. — Mündliche Kompositionsübungen.
	b. Miller	—	wie a.
Griech. Exp.	a. Hauber	4	Hom. Odyssee IX—XIV. XVI—XIX. XXI - XXIII. — Herodot I, 1 - 140. III, 1—66 (beides mit einigen Auslassungen).
	Pfeiffer	1	Isocrates Euogoras; Areopagiticus (mit Auslassungen).
	b. Miller	5	Homer Odyss. IX—XIV. XVI—XXII (mit Auslassungen). — Isocrates de pace. Herod. I (mit einigen Auslassungen).
— Komp.	a. Pfeiffer	1	Alle 14 Tage eine schriftliche Arbeit. Mündliche Übersetzung aus Bäumleins Themata.
	b. Miller	—	wie a.
Französisch	a. Heintzeler	3	Thierry, Histoire d'Attila. — Plötz, kurzgefasste Grammatik § 82—86. 100—116. Übungsbuch 2. Teil. — Alle 14 Tage eine schriftliche Arbeit. — Dictées. — Memorieren franz. Stücke. — Sprechübungen.
	b. Schiele	—	wie a.
Geschichte	a. Miller	2	Römische Geschichte vom Tod Caesars bis zum Ende des weströmischen Reichs Mittelalter.
	b. —	—	wie a.
Geographie	a. —	2	Geographie der einzelnen Länder Europas und der übrigen Weltteile, unter Zugrundlegung des Lehrbuchs von Pütz-Behr.
	b. Kern	—	wie a.

Fächer	Lehrer	Wochenstunden	Gelesenes oder Behandeltes
Mathematik	Müller	4	Algebra: Repetition des Pensums der Klasse VII. Lehre von den Proportionen, Potenzen und Wurzeln, Wurzelgleichungen, Bardey X bis XIV. — Lehre von den linearen Gleichungen mit einer und mehreren Unbekannten. Bardey XXII, zweite Stufe, XXIII A und B. XXIV, erste und zweite Stufe. Wochenarbeiten abwechselnd in Algebra und Geometrie. Geometrie: Repetition des Pensums der Klasse VII. Neu: Spieker VI—X samt Übungen.
Physik	a. Kern	2	Allgemeine Eigenschaften der Körper. Mechanik der festen, flüssigen und gasförmigen Körper (vorwiegend experimentell). Magnetismus, Elektrizität, Wärme.
	b. —	—	wie a.
Turnen	a. Weychardt	2	Wie Klasse X.
	b. —	—	—

Fakultative Fächer

Fächer	Lehrer	Wochenstunden	Gelesenes oder Behandeltes
Hebräisch	Sixt	3	Mezger § 36 bis Schluss. — Grammatik nach Gesenius-Kautzsch. — Schriftliche Kompositionen. — Diktate und Perioden. — Genes. 1—3. 37. 39—41.
Neues Testam.	Kolb	1	Ausgewählte Reden Jesu aus den Synoptikern. I. Petri 1—4.
Englisch	Heintzeler	2	Schmidt's Elementarbuch § 16 bis Schluss. — Klassenarbeiten. — Sprechübungen.
Italienisch	Cattaneo	2	Sauers Ital. Conversations-Grammatik I. Kurs. Regeln, Leseübungen und Übersetzungen.
Freihandzeichnen	Kolb	2	siehe Klasse X.
Fechten	Schädle	2	Stossfechten.

12

Klasse VII a und b.

Klassenlehrer: a. Hilfslehrer Dr. Wagner, b. Professor Dr. Sixt.

Fächer	Lehrer	Wochenstunden	Gelesenes oder Behandeltes
Religion, evang.	a. Hieber	2	Einleitung in die Schriften des alten und neuen Testaments, mit besonderer Berücksichtigung der Offenbarungsgeschichte.
	b. Kolb	—	wie a.
— kath.	a. u. b. Fohmann	—	Gemeinschaftlich mit Klasse VIII.
Deutsch	a. Wagner	2	Schillers Leben und Werke. — Poetik. — Deklamation. — Aufsätze.
	b. Sixt	—	wie a.
Latein. Exp.	a. Wagner	6	Liv. I, II mit Auslassungen; Verg. Aen. I II; III und IV mit Auslassungen. — Perioden.
	b. Sixt	—	Vergil Aen. I. II. IV; sonst wie a.
— Komp.	a. Wagner	2	Wöchentlich eine schriftliche Arbeit und sonstige Stilübungen.
	b. Sixt	—	wie a.
Griech. Exp.	a. Wagner	5	Homer Od. I—VIII mit Auslassungen. — Xen. Anab. I—IV, z. T. kursorisch.
	b. Elben	—	Homer wie a. — Xen. Anab. I—III mit kleineren Auslassungen.
— Komp.	a. Wagner	1	Alle 14 Tage eine schriftliche Arbeit. Mündliche Übersetzung aus den Themata von Bäumlein.
	b. Elben	—	wie a.
Französisch	a. Schiele	3	Plötz-Kares, Sprachlehre §§ 25—80, Übungsheft I und II. — Exposition: Plötz, Lectures choisies II, 1. 3. 6. 9. 10. 16; III. 2. 4; IV. 2; VII. 5. — Alle 14 Tage eine schriftliche Arbeit. — Dictées und Klassenarbeiten. — Memorieren französ. Stücke. — Sprechübungen.
	b —	—	wie a.
Geschichte	a. Wagner	2	Alte Geschichte bis zu Caesars Tod nach Eghhaafs Grundzügen der Geschichte.
	b. Sixt	—	wie a.
Geographie	a. Wagner	im Sommer 2	Allgemeine Erdkunde mit Ausschluss der mathematischen Erdkunde. Besondere Erdkunde: Übersicht über die 5 Weltmeere und die 5 Erdteile nach dem Lehrbuch der vergleichenden Erdbeschreibung von Pütz-Behr.
	b. —	—	wie a.

Fächer	Lehrer	Wochenstunden	Gelesenes oder Behandeltes
Mathematik	a. Müller	im Winter 5 im Sommer 4	Algebra: Repetition des Pensums der Kl. VI. Neu: Potenzen mit ganzen, positiven und negativen Exponenten, Bardey XI. Lehre von den linearen Gleichungen mit einer Unbekannten, Bardey XX 1 bis 403 und XXII erste Stufe. Im Sommer Wochenarbeiten abwechselnd in Algebra und Geometrie. Geometrie: Repetition des Pensums der Kl. VI. Neu: Spieker III—VI mit vielen Übungen.
	b. —	—	wie a.
Chemie	a. Müller	2	a. Allgemeine Eigenschaften der Körper. Die Metalle und Metalloide mit ihren Oxyden, Sulfiden, Chloriden. Das Wichtigste aus der Atomtheorie und Stöchiometrie. Säuren, Basen, Salze. Wasserstoffverbindungen (nach Arendt).
	b. —	—	b. wie a.
Turnen	a. Weychardt	2	wie Klasse X, ohne Gewehrfechten.
	b. —	—	—

Fakultative Fächer

Hebräisch	Sixt	3	Gesenius-Kautzsch's Grammatik (Formenlehre). — Mezgers hebr. Übungsbuch bis § 38. — Schrift. Übungen im Komponieren.
Neues Test.	Kolb	1	Gemeinschaftlich mit Klasse VIII.
Englisch	Heintzeler	2	Schmidt, Elementarbuch § 1—15. — Klassenarbeiten. — Sprechübungen.
Geom. Zeichnen	Müller	alle 14 Tage 2 Stunden	Einführung in das geometrische Zeichnen mit Übungen im Gebrauche der betreffenden Hilfsmittel. Graphische Lösung geometrischer Aufgaben und Ausführung einfacher geometrischer Ornamente.
Freihandzeichnen	Kolb	2	s. Klasse X.

— 92 —

II. Mittlere Abteilung.

Klasse VI a und b.

Klassenlehrer: a. Professor Graf, b. Professor Dr. Grotz.

Fächer	Lehrer	Wochenstunden	Gelesenes oder Behandeltes
Religion, evang.	a. Stahlecker	2	Apostelgeschichte ganz, die vorgeschriebenen Abschnitte aus den Briefen. — Reformationsgeschichte. — Repetition des Katechismus.
	b. Sandberger	—	Apostelgeschichte. Die vorgeschriebenen Abschnitte aus den Briefen. Sprüche. Katechismus.
— kath.	Aigeltinger	2	Diözesankatechismus: II. und III. Hauptstück (Von den Sakramenten und Geboten).
Deutsch	Die Klassenlehrer	2	Aufsätze; Deklamationsübungen; ausgewählte Stücke aus dem Lesebuch für die Latein- und Realschulen Württembergs, Teil III.
Latein Exp.	Die Klassenlehrer	5	a. Ausgew. Stücke aus Livius von Jordan. — Ovid von Grysar mit Auswahl. — Perioden. b. wie a.
— Komp.	—	5	a. Holzers Übungsstücke II, 100—250 mit Auswahl. — Wöchentlich eine schriftliche Arbeit. — Monatliche Prolocoarbeiten. — Grammatik von Ellendt-Seyffert § 233 bis Schluss (36. Aufl.). b. wie a.
Griech. Exp.	—	3	a. Chrestomathie von Mezger und Schmid. I. Kurs, mit Auswahl. Vorübungen von Schmid. b. wie a.
— Komp.	—	3	a. Abschluss der Formenlehre. — Materialien von Gaupp und Holzer I. Teil, LXV bis 91. — Syntax bis zur Kasuslehre (einschl.). — Materialien II. Teil, Abschn. I—VIII. — Alle 14 Tage eine schriftliche Arbeit. — Monatliche Prolocoarbeiten. — Exzeptionen. b. wie a

Fächer	Lehrer	Wochenstunden	Gelesenes oder Behandeltes
Französisch	Schiele	2	Plötz-Kares, Sprachlehre §§ 25—80. Übungsheft I und II. — Exposition: Plötz, Lectures choisies I mit Auswahl. II. 2. 4. — Alle 14 Tage eine schriftliche Hausarbeit. — Dictées. — Klassenarbeiten. — Memorieren französ. Stücke. — Sprechübungen.
Geschichte	Die Klassenlehrer	1 ¹/₂	Deutsche Geschichte von 1517 bis 1871. — Württembergische Geschichte.
Geographie	—	1 ¹/₂	Aussereuropäische Weltteile. Das Wichtigste aus der mathematischen Geographie.
Rechnen und Mathematik	Schiele	3	a. Arithmetik 1 Stunde. Wiederholung und Erweiterung der bürgerlichen Rechnungsarten nach Stockmayer, 4. Bändchen.
			b. Algebra 1 Stunde. Bardey, I—IX: Einführung in die Buchstabenrechnung. Die vier Grundrechnungsarten.
			c. Geometrie 1 Stunde. Spieker, Abschnitt I—III nebst den dazu gehörigen Übungen (mit einigen Auslassungen).
Zeichnen	a. Kolb	2	Zeichnen nach Vorlagen (Gesichtsteile, Köpfe).
	b. —	—	wie a.
Turnen	a. Weychardt	im Winter 2	Marsch-, Stab- und Freiübungen. Geräteturnen.
	b. —	im Sommer 3	Spiele.

Klasse V a und b.

Klassenlehrer: a. Professor Albrecht, b. Professor Schöttle.

Religion, evang.	a. Stahlecker	2	Die vorgeschriebenen Abschnitte aus dem A. Test. Matth. III—XXV. Luc. XV. XVI. Die vorgeschriebenen Sprüche und Lieder.
	b. Kolb		Die vorgeschriebenen Abschnitte aus dem A. Test. und den Synoptikern. Memorieren und Repetieren der vorgeschriebenen Sprüche und Lieder.
— kath.	Aigeltinger	—	Gemeinschaftlich mit Klasse VI.

Fächer	Lehrer	Wochenstunden	Gelesenes oder Behandeltes
Deutsch	Die Klassenlehrer	2	Aufsätze, Vortrags- und Deklamationsübungen. — Lesebuch III, ausgewählte Stücke.
Latein. Exp.	Die Klassenlehrer	5	a. Caes. B. G. I. II III. — Gaupps Anthologie I. Teil. — Perioden.
			b. Caesar I. II. Stücke aus III und V. — Gaupps Anthologie I. — Perioden.
— Komp.	—	5	a. Holzer II, 1—100 mit Auswahl. — Wöchentlich eine schriftliche Arbeit. — Monatliche Prolocoarbeiten. — Grammatik von Ellendt-Seyffert § 189—232.
			wie a.
Griechisch	—	7	a. Formenlehre bis zu den verba liquida. Das Wichtigste und Nötigste aus der Syntax. Übungsbuch von Kägi I. — Wöchentlich eine schriftliche Arbeit, Prolocoarbeiten. Exzeptionen.
			b. wie a.
Französisch	a. Feucht b. Mohl	2	Plötz-Kares, kurzer Lehrgang der französ. Sprache. Sprachlehre § 1—24. Übungsbuch Heft I, 1. und 2. Abschn. Memorieren von Vokabeln. Proloco- und Wochenarbeiten.
Geschichte	Die Klassenlehrer	1 1/2	Römische Geschichte von der Schlacht bei Actium an; Deutsche Geschichte bis zu Luthers Auftreten 1517 (Leitfaden von Dav. Müller, 8 A., bis § 82).
Geographie	—	1 1/2	Geographie der ausserdeutschen Länder Europas. Geographie des deutschen Reichs repetiert.
Rechnen und Mathematik	Kern	3	a. Arithmetik 1 Stunde. Repetition der bürgerlichen Rechnungsarten.
			b. Algebra 1 Stunde. Bardey, I—IX: Die vier Grundrechnungsarten mit Buchstaben.
			c. Geometrie 1 Stunde. Spieker, Abschn. I—III, teilweise mit Übungen.

Fächer	Lehrer	Wochenstunden	Gelesenes oder Behandeltes
Freihand-zeichnen	Schaich	2	Zeichnen nach Wandvorlagen im Massen-unterricht. Uebungen im Lavieren und im Auftragen eines farbigen Hintergrundes. Das Gipsrelief nach Umriss und mit Schattierung. Körperzeichnen.
Singen	Schuler	1	Singen von mehrstimmigen Liedern der Krauss-Weberschen Sammlung, 4. und 5. Heft.
Turnen	a. Albrecht b. Weychardt	im Winter 2 im Sommer 3	Wie Klasse VI.

Klasse IV a und b.

Klassenlehrer: a. Oberpräzeptor Mohl, b. Oberpräzeptor Feucht.

Religion, evang.	Die Klassenlehrer	2	Geschichte des alten Bundes bis zum Salomonischen Tempelbau, ausgewählte Stücke aus Mose, Josua, Richter, Samuelis, Könige, Hiob, Psalmen und Sprüchen.
			Repetiert wurden sämtliche Sprüche der 3. Abteilung und die Lieder 2. 3. 5. 13. 26. 93. 102. 142. 160. 177. 364. 381. 461. 462. 481. 514. 549. Neu gelernt der Katechismus.
— kath.	Aigeltinger	—	Gemeinschaftlich mit Klasse V und VI.
Deutsch	Die Klassenlehrer	2	Aufsätze. Lese- und Deklamationsübungen aus Lesebuch II.
Latein. Exp.	—	5	Lhomond-Holzer und Nepos mit Auswahl.
— Komp.	—	5	Holzer I, 51 bis Schluss mit Auswahl. — Schriftliche Wochenarbeiten. — Prolocoarbeiten. — Grammatik von Ellendt-Seyffert (37. Aufl.), § 94—160. 230—258.
Französisch	—	4	Plötz-Kares, kurzer Lehrgang der franzÖs. Sprache, Elementarbuch. — Grammatik, Exposition, Komposition 1—52. Memorieren von Vokabeln. — Prolocoarbeiten.
Geschichte	—	2	Griechische Geschichte vom Jahr 500 bis zur Diadochenzeit (ausschl.). Römische Geschichte vom Jahr 500—31.

Fächer	Lehrer	Wochenstunden	Gelesenes oder Behandeltes
Geographie	Die Klassenlehrer	1	Physikalische Geographie von Mitteleuropa, politische von Deutschland.
Rechnen	Schuler	3	Schlussrechnung vollendet. Zinsrechnung. Disconto. Gewinn- und Verlustrechnung. Teilungsrechnung. Zusammengesetzte Bruchrechnung (Verwandlung periodischer Dezimalbrüche in gemeine Brüche).
Naturbeschreibung	Belz	2	Winter: Das Wichtigste vom Bau des menschlichen Körpers. Uebersicht über die Klassen und wichtigsten Ordnungen des Tierreichs. Sommer: Eingehende Beschreibung der Kultur- und Handelspflanzen, der Obst- und Waldbäume. Einiges über Kryptogamen. Uebungen im Bestimmen der Pflanzen. Exkursionen. Polack, illustrierte Naturgeschichte Kursus II.
Schönschreiben	Schuler	1	Deutsche, lateinische und griechische Schrift.
Freihandzeichnen	Schuler	2	Gerad- und krummlinige Vorübungen. Zeichnen nach Vorlagen von H. Kolb.
Singen	—	1	Singen von Liedern der Sammlung für die evangel. Volksschulen Württembergs, Heft 2, 2. Hälfte.
Turnen	a. Belz b. Weychardt	im Winter 2 im Sommer 3	Wie Klasse VI.
Geom. Zeichnen	Kern	im Sommer 1	Uebungen mit Lineal, Winkel und Zirkel. Einige einfache geom. Aufgaben.

III. Untere Abteilung.

Klasse III a und b.

Klassenlehrer: a. Präzeptor Weismann, b. Oberpräzeptor Kirschmer.

Religion, evang.	Die Klassenlehrer	3	Bibl. Geschichte des A. und N. Testaments nach der Biblischen Geschichte von Bacmeister. Memoriert wurden die Lieder 3.5. 13. 93. 177 und die vorgeschriebenen 27 Sprüche aus der 3. Abt. des neuen Spruchbuchs.
—	kath. a. u. b. Aigellinger	2	Biblische Geschichte des Alten Testaments.

Fächer	Lehrer	Wochenstunden	Gelesenes oder Behandeltes
Deutsch	Die Klassenlehrer	3	Leseübungen an Stücken aus dem Lesebuch Teil II, nebst Erklärung; Regeln über die deutsche Rechtschreibung; Diktiertschreiben; grammatische Übungen; mündlicher Vortrag; Memorieren von Gedichten.
Lateinisch	Die Klassenlehrer	10	Wiederholung der regelmässigen Formenlehre. Einübung der unregelmässigen Formenlehre. Einfachere syntaktische Regeln (ut, ne, Acc. c. Inf., Participium relativum und absolutum) im Anschluss an das Übungsbuch von Herzog, Band 2. Wochenarbeiten; alle 14 Tage eine Prolocoarbeit. Memorieren der Vokabeln.
Geschichte	—	2	Geschichte der morgenländischen Völker, Assyrier, Babylonier, Meder, Perser, Ägypter, Phönizier. Griechische Sagen- und Staatengeschichte bis zum Jahre 500 v. Chr. Römische Königsgeschichte, und alte Geographie der Länder am Mittelmeer.
Geographie	—	1	Übersicht über die 5 Weltmeere und die 5 Weltteile nach wagrechter und senkrechter Gliederung.
Rechnen	—		Gemeine Brüche, Dezimalbrüche und einfache Schlussrechnung nach Stockmayer-Thomass. 1. Bändchen.
Natur-beschreibung	a. Maag b. Schairer	2	Winter: Polack illustrierte Naturgeschichte I. Gliederfüsser, Würmer und Weichtiere. Sommer: Beschreibung lebender Pflanzen. Das Linnésche System und die wichtigsten natürlichen Pflanzenfamilien. -- b. Exkursionen.
Schönschreiben	Schuler	1	Deutsche und lateinische Schrift Taktschreiben.

13

Fächer	Lehrer	Wochenstunden	Gelesenes oder Behandeltes
Singen	Schuler	1	Notenlesen. Entwickelung der leichteren Durtonleitern. Singen von zweistimmigen Liedern aus der Sammlung für die evangel. Volksschulen Württembergs Heft 2, 1. Hälfte
Turnen	a. Weychardt b. Schairer	im Winter 2 im Sommer 3	Vorschule. Marsch- und Freiübungen. Dauerlauf und Wettlauf. Sprung- und Hangübungen. Spiele.

Klasse II a und b.

Klassenlehrer: a. Präzeptor Schairer, b. Präzeptor Maag.

Religion, evang.	Die Klassenlehrer	3	Die Geschichten des Neuen Testaments nach Baumeister bis Nro. 59 gelesen und erklärt. — Geographische Übersicht von Palästina. — Memoriert wurden die Lieder Nr. 142. 364. 461. 590. und die vorgeschriebenen 46 Sprüche aus der dritten Abteilung des Spruchbuchs.
— kath.	Aigeltinger	2	Gemeinschaftlich mit Klasse III.
Deutsch	Die Klassenlehrer	3	Leseübungen im Lesebuch von Hopf und Paulsiek, I. Teil. — Rechtschreiben. — Grammatische Übungen. — Deklamieren: No. 79. 83. 86. 97. 107. 146. im Lesebuch.
Lateinisch	—	10	Regelmässige Formenlehre bis zu den Verba deponentia einschliesslich. Mündliche und schriftliche Übersetzungen aus dem Lateinischen und Deutschen nach dem Übungsbuch von Herzog, Band 1. Wochenarbeiten: alle 14 Tage eine Prolocoarbeit. Memorieren der Vokabeln.

Fächer	Lehrer	Wochenstunden	Gelesenes oder Behandeltes
Geographie	Die Klassenlehrer	1	Die nötigen geographischen Vorkenntnisse. Stuttgart und Umgebung. — Württemberg.
Rechnen	—	4	Die 4 Spezies mit benannten und unbenannten Zahlen. Metrische Masse und Gewichte, Münzen, Zeitmasse: Reduzieren und Resolvieren. Angewandte Aufgaben. Kopfrechnen. Teilbarkeit der Zahlen; Zerlegen in ihre Primfaktoren. Vereinfachen von Brüchen. Dürr, Rechenbuch II.
Natur-beschreibung	—	2	Winter: Anschauliche Beschreibung typischer Wirbeltiere. Sommer: Beschreibung lebender Pflanzen. Erläuterung morphologischer Grundbegriffe. — Polacks illustrierte Naturgeschichte I.
Schönschreiben	Schuler	2	Deutsche und latein. Schrift. Taktschreiben.
Singen	—	1	Einübung der Noten. Solmisieren. Tonleiterübungen und leichtere Intervalle. Singen einstimmiger Lieder aus der Sammlung für die evang. Volksschulen Heft 1.

Klasse I a und b.

Klassenlehrer: a. Präzeptor Belz, b. Präzeptor Schaich.

Religion, evang.	Die Klassenlehrer	3	Biblische Geschichte von Bacmeister Nr. 1—45 des A. Testaments gelesen und erklärt. — Die Lieder 26. 66. 462. 481. und 514. und die vorgeschriebenen 45 Sprüche der zweiten Abteilung des neuen Spruchbuchs erklärt und auswendig gelernt.
— kath.	Aigeltinger	2	Gemeinschaftlich mit Klasse III und II.
Deutsch	Die Klassenlehrer	8	Leseübungen nach dem Lesebuch, Teil I. mit sachlicher und sprachlicher Erklärung, Rechtschreiben; grammatische Übungen. Deklamieren von Nr. 4. 5. 9. 12. 16. 21. 25. 26. 29. 35. 37. 42. 48 im Lesebuch I. Vortragsübungen. Kleinere Aufsätze.

4

Fächer	Lehrer	Wochenstunden	Gelesenes oder Behandeltes
Rechnen	Die Klassenlehrer	6	Die 4 Spezies mit unbenannten Zahlen und leichtere Übungen mit einfach benannten Zahlen, mündlich und schriftlich.
Natur-geschichte	—	2	Anschauliche Beschreibung von 36 Repräsentanten aus dem Tier- und Pflanzenreich nach Polack's illustrierter Naturgeschichte
Schönschreiben	—	3	Deutsche und latein. Schrift. Taktschreiben

Öffentliche Prüfungen und Schlussfeierlichkeiten.

Die öffentlichen Prüfungen der Klassen I—IX werden am 21. und 23. Juli in folgender Ordnung vorgenommen werden:

Samstag den 21. Juli

8—9 Uhr	Klasse Ia	Deutsch, Naturbeschreibung,
„	„ Ib	Deutsch, Rechnen,
9—10 „	„ IIa	Latein, Geographie,
	„ IIb	Latein, bibl. Geschichte,
10—11 „	„ IIIa	Latein, Geschichte,
	„ IIIb	Latein, Naturbeschreibung,
11—12 „	„ IVa	Latein, Deutsch,
	„ IVb	Latein, Rechnen,
2¼—3¼ „	„ Va	Griechisch, Französisch,
	„ Vb	Latein, Rechnen,
3¾—5 „	„ VIa	Latein, Geometrie,
	„ VIb	Griechisch, Geschichte,
5—6 „	„ IIIa und Vb Turnen.	

Montag den 23. Juli

8—9½ Uhr	Klasse VIIa	Griechisch, Mathematik,
„	„ VIIb	Latein, Französisch,
9½—11 „	„ VIIIa	Griechisch, Geschichte,
	„ VIIIb	Latein, Physik,
11—11¾ „	„ IXa	Religion,
11¾—12 „	„ IXb	Deutsche Litteratur,
2¼—4 „	„ IXa	Latein, Französisch,
	„ IXb	Griechisch, Mathematik,
4—5 „	„ VIIb und IXa Turnen.	

Während der Prüfungstage sind die Zeichnungen der Schüler im Zeichensaal ausgestellt.

Der feierliche Schlussakt findet Dienstag den 24. Juli im Festsaale statt. Derselbe beginnt um 8 Uhr mit Gesängen des Schülersingchors und Deklamationen von Schülern der Klassen I—VI, worauf zwei Schüler der Klasse X Abschiedsreden halten werden.

Um 10 Uhr Verteilung der Preise, der Reifezeugnisse der Abiturienten und der Diplome für den einjährig-freiwilligen Dienst, nach vorangegangener Ansprache des Rektors.

Zur Teilnahme an diesen Prüfungen und Feierlichkeiten werden die königlichen und die städtischen Behörden, die Eltern der Schüler und alle Freunde der Jugendbildung geziemend eingeladen.

Die Hauptferien beginnen Mittwoch den 25. Juli. Das neue Schuljahr beginnt Donnerstag den 6. September vormittags 8 Uhr mit der Prüfung solcher Schüler, welche nachträglich für eine der Klassen der Anstalt angemeldet worden sind. Der Unterricht wird Freitag, den 7. September, vormittags 9 Uhr wieder eröffnet.

Stuttgart, den 14. Juli 1894.

Königl. Rektorat:

Oberstudienrat Dr. Planck.